디팩 초프라의
The Seven Spiritual Laws For Parents
부모 수업

THE SEVEN SPIRITUAL LAWS FOR PARENTS
Copyright © 1997 by Deepak Chopra

All Rights Reserved.
Korean translation copyright © 2013 by Hanmunhwa Multimedia
This translation published by arrangement with Harmony Books, an imprint of
the Crown Publishing Group, a division of Random House, LLC.
through EYA(Eric Yang Agency).

이 책의 한국어판 출판권은 EYA(Eric Yang Agency)를 통해
The Crown Publishing Group과 독점 계약한 ㈜한문화멀티미디어에 있습니다.
저작권법에 의하여 한국 내에서 보호를 받는 저작물이므로 무단전재와 복제를 금합니다.

디팩 초프라의
부모수업

디팩 초프라 지음 | 구승준 옮김

한문화

언제나 나를 지지해준
부모님, 아내, 사랑하는 아이들
그리고
내게 성공과 양육의 진정한 의미를 가르쳐준
모든 이들에게 이 책을 바칩니다.

생명은 결코 누구도 소유할 수 없다.
생명을 그대의 손바닥 위에 올려놓을 수는 있으나,
주먹을 쥐는 순간 빠져나간다.
세상의 모든 부모들이 아이에 대한 소유권을 주장하면서
아이들을 파괴해왔다.
하지만 생명은 어디까지나 풍요로운 존재의 선물이다.
그대가 그 생명이 탄생하는 도구로 선택된 것에 감사하라.
아이는 그대를 통하여 세상에 나왔지만,
그렇다고 그대에게 소속된다는 뜻은 아니다.
그대는 단지 통로였을 뿐이다.

― 오쇼 라즈니시

The Seven Spiritual Laws For Parents

글을 시작하며

부모는 아이의 영적 교사다

전작인 《성공을 부르는 일곱 가지 영적 법칙(The Seven Spiritual Laws of Success)》이 출간된 후, 독자들은 즉각적이면서도 무척 근사한 반응을 보였다. 바로 물질계의 모든 것을 창조해내는 자연의 법칙을 수많은 독자들이 자신의 일상에서 실천하기 시작했다는 사실이었다.

그 독자들 중에는 자녀를 둔 부모가 상당수 포함되어 있었다. 그들은 나에게 이런저런 부탁을 했다. 표현은 다양했지만 결국 주제는 하나로 모아졌다.

"당신이 알려준 영혼의 법칙들을 실천하며 살아보니 제 삶이 정말로 풍요로워졌어요. 이걸 왜 조금이라도 더 일찍 만나지 못했는지 안타깝다는 생각이 들더군요. 베풀기, 저항하지 않기, 소망을 이루어주는 우주를 신뢰하기 등 영적 법칙이 가진 가치가 지금은 저에게 명백한 진리가 되었지만 예전에는 도무지 알 길이 없었거든요. 그래서 자라면서 몸에 배인 파괴적인 습관을 없애기 위해 힘겨운 싸움을 할 수밖에 없었어요. 부모로서 바람이 있다면 내 아이들이 저처럼 유년기에 파괴적인 습관에 길들여지지 않았으면 하는 거예요. 한번 길들여진 습관을 나중에 고치려면 굉장히 고통스러운 일이니까요. 무슨 좋은 방법이 없을까요?"

독자들의 이런 요구에 부응하여 이 책을 썼다. 말하자면 《성공을 부르는 일곱 가지 영적 법칙》의 내용을 자녀를 기르는 부모의 입장에 맞게 특화하고 심화한 것이다. 나는 자연 법칙이 우주 만물에 어떻게 작용하는지, 우리의 의식은 또 어떻게 이루어지는지를 모든 부모가 진정으로 이해하면서 자녀를 길러야 한다고 믿는다. 그래서 부모가 어떻게 자녀의 눈높이에 맞게 영적인 법칙들을 가르치고 적용시킬 수 있을지를 보다 쉽고 구체적으로 보여주고자 했다.

세상 사람들 모두 무엇이 되었든 각자 바라는 게 있다. 누구에게나 욕망이 있는 것이다. 그러니 우리 아이들에게 욕망이 인간 본성의 가장 근본적인 힘이라는 점을 일찌감치 이해시킬 필요가 있다. 욕망은 '영혼의 에너지'다. 우리가 심오한 문제에 대한 해답을 추구하거나 살아가면서 부딪치는 문제를 해결해나갈 때 도움을 주는 것은, 바로 우리를 호기심이 풍부한 어린이로 만들었던 자연스러운 욕망이다. 그러한 의미에서 구도자란 어디 멀리 있는 존재가 아니다. 부모의 사랑을 갈망하던 아이가 신의 사랑을 바라게 되고, 장난감을 소망하던 아이가 무한한 창조성을 원하게 된다면 그 아이가 바로 구도자다.

  나는 이 책에서 어떻게 해야 아이들이 자신의 욕망을 가장 잘 실현하고, 삶에서 자신이 원하는 것을 성공적으로 얻을 수 있을지에 대해 부모들에게 알려주고자 한다. 또한 아이들이 정신적인 차원을 쉽게 이해할 수 있도록 어린아이의 눈높이에 맞추어 최선을 다해 설명해볼 작정이다. 그렇다고 해서 이 책이 반드시 어린아이만을 대상으로 한 것은 아니다. 아이들이 꼭 알아야 할 것들이란 어른들도 반드시 알아야 할 지혜의 변형된 형태이기 때문이다.

현대사회는 물질적인 성공만을 지나치게 숭배한 나머지 중요하고 심오한 진실을 놓치고 있다. 그 진실이란 "성공은 당신이 어떤 일에 종사하는지에 달린 게 아니라 당신이 어떤 존재인지에 달려 있다"라는 점이다. 우리가 살면서 이루는 모든 성취의 근원에는 존재나 본질, 또는 영혼이라는 차원이 그 바탕을 이룬다. 하지만 '존재(Being)'라는 것이 너무나도 추상적인 차원이다 보니 사람들은 존재를 현실적이고 쓸모 있는 실체가 아니라 그저 관념일 뿐이라고 여긴다. 그러나 인류의 지혜가 담긴 가장 오래된 전승(傳承) 문화들을 살펴보라. 영원의 차원에서부터 일상에 이르기까지 영혼이 펼치는 확고하고 당연하며 신뢰할 만한 원칙들을 발견하게 될 것이다.

이런 영적 법칙들이 살아가는 데 그토록 귀중한 것인데도 어떻게 수백 년이 넘도록 드러나지 않았는지 이해할 수 없다는 사람들이 더러 있다. 이러한 아이러니는 마치 전구가 등장하기 전까지 우주에 충만한 전기 에너지를 사람들이 전혀 의식하지 못했던 것과도 같다. 전기의 법칙이 발견되지 않았더라면 우주의 충만한 전기 에너지는 우리가 일상적으로 사용하는 전기로 실용화되지 못했을 것이다. 존재나 영혼, 본질 역시 마찬가지다. 그것은 우주에 충만한 전기 에너지처럼 눈에 보이지는 않지만 우리 삶에 지대한 영향력을 행사한다. 우리 눈에 보이는 우주만물의 배후에는 보이지 않는 영원한 지성이 존재하며, 그것은 일곱 가지 영적 법칙에 따라 작동한다.

●

오늘날 우리는 온갖 정보와 폭력이 난무하는 혼란한 시대에 살고 있다. 너무 빠르게 변화하고, 예측할 수 없기에 더욱 혼란스럽다. 이럴 때일수록 우리 아이들이 삶에서 진짜 중요하고 가치 있는 것이 무엇인지 알아차릴 수 있도록 이끌어주는 영적 스승이 절실하다. 누구보다 가장 가까이서 아이들을 보살피는 부모가 영적 스승 노릇을 하는 것은 마땅한 일이다. 겉으로 드러난 자연 현상의 배후에 있는 영적 법칙들은 특정한 개인에게만 적용되는 게 아니라 모든 인류, 나아가 모든 존재에게 고루 적용된다. 따라서 그 영적 법칙들을 이해하는 것은 소수의 몇몇 사람에게만 그 혜택이 돌아가는 일이 아니다. 우리 사회 나아가 인류의 문명 전체가 크게 도약하는 계기가 될 수 있다.

이 책에서 제안하는 '일곱 가지 영적 법칙'에 따라 자라나는 아이들이 많아진다면 우리 문명 전체가 변화할 것이라고 믿는다. 오늘날 우리가 대수롭지 않게 취급하는 사랑과 자비는 모든 존재의 삶 속에서 마치 숨을 쉬듯 자연스럽게 흘러넘치게 될 것이다. 가능한 한 많은 아이들이 영적인 실체가 무엇인지 알면서 자랄 수 있도록 해주는 것이야말로 어른인 우리들이 해야 할 중요한 책임이라고 느낀다.

영혼이란 참으로 파악하기 힘든 차원이다. 인도의 고대 문헌에 따르면 칼로 자르거나 물로 적실 수도 없고, 바람으로 날려버릴 수도 없으며, 햇볕으로 증발시켜버릴 수도 없다. 한마디로 우주의 모든 분자 하나하나에, 당신이 하는 모든 생각에, 오감을 통해 감지할 수 있는 아주 작은 정보에도 바로 영혼이라는 존재가 깃들어 있는 것이다. 하지만 사람들은 그 존재를 쉽게 간과해버린다. 왜냐하면 자신이 직접 춤판에 끼지 않는 안무가처럼 배후에서 완전히 침묵하고 있기 때문이다. 하지만 우리 모두는 '존재'에 의지해 살아간다. 존재로부터 숨과 생명력을 공급받지만 이런 이야기는 부모가 우리에게 거의 가르쳐주지 않는 것들이다.

이제 영혼에 대한 무지에서 벗어날 때가 되었다. 일곱 가지 영적 법칙을 아이들에게 가르치듯이 그와 똑같은 열정으로 자기 스스로를 가르칠 수도 있다. 이 책을 쓰면서 가장 이상적으로 잡은 목표는 부모와 아이가 영적 법칙을 통해 함께 성장하고, 삶의 진정한 성공을 함께 누리는 것이다.

차례

글을 시작하며 부모는 아이의 영적 교사다 9

1 부모 노릇 그리고 영혼의 선물 **19**
　순수함에 대한 가르침 **29**
　영성 키우기, 어떻게 시작할까? **36**
　영적 교사와 좋은 부모의 차이 **50**

2 아이의 영혼을 깨우는 일곱 가지 지혜 **57**
　일요일 — 순수 잠재력의 날 **63**
　"넌 뭐든지 할 수 있단다."

　월요일 — 베풂의 날 **81**
　"무언가를 바란다면, 먼저 그걸 베풀어봐."

　화요일 — 인과因果의 날 **95**
　"네가 지금 내리는 선택에 따라 네 미래가 달라진단다."

수요일 — 최소 노력의 날　　　　　　　　　　　　113
"거부하지 말고 흘러가는 대로 따라가 보렴."

목요일 — 관심과 소망의 날　　　　　　　　　　　129
"뭔가를 바라고 관심을 기울이는 것 자체가 '소망의 씨앗'을
심는 일이란다."

금요일 — 초연함의 날　　　　　　　　　　　　　145
"삶을 여행하듯이 즐기렴."

토요일 — 다르마(삶의 목적)의 날　　　　　　　　165
"네가 이 세상에 태어난 건 뭔가 이유가 있어서란다."

글을 마치며　사랑보다 더 근원적인 한 가지　178
감사의 말　185
옮긴이의 말　부모 노릇을 한다는 것　186
　· 일곱 가지 영적 법칙을 담은 메시지　191
　· 디팩 초프라의 자녀교육 원칙　192

The Seven Spiritual Laws For Parents

1

부모 노릇
그리고
영혼의 선물

결국 신神이란 무엇인가?
영원한 정원에서 영원한 놀이를 하고 있는
영원한 아이일 뿐.

— 스리 오로빈도Sri Aurobindo

부모라면 누구나 자녀가 인생에서 성공하기를 마음 깊이 바란다. 하지만 성공에 이르는 가장 직접적인 길은 영혼을 통해야 한다는 것을 과연 몇 사람이나 제대로 알아차리고 있을까? 우리 사회는 대개 그런 길이 아니라 오히려 정반대의 방향으로 아이들을 내몰곤 한다.

우리는 아이들에게 살아남는 법, 경쟁하는 법, 자신을 방어하는 법, 남에게 인정받게 행동하는 법 그리고 실망과 장애물과 좌절을 견디는 법을 가르친다. 또 신을 믿는 것을 미덕이라고 가르치기는 하지만 통념상 영혼이란 현실적인 성공과는 동떨어진 것이라고 여긴다. 물론 잘못된 생각이다. 하지만 태어나서 죽는 날까지 이 잘못된 신념이 우리 삶 전반에 깊은 영향을 미친다.

대부분의 사람들은 의심할 것도 없이 성공의 본질이 물질적인 것이라고 생각한다. 돈이나 명예, 혹은 재산의 많고 적음을 성공의 척도로 삼는 이유다. 물론 인생을 평가하는 한 가지 요소일 수는 있다. 하지만 그것만으로 성공한 인생이라고 단정 지을 수는 없다. 우리 아이들이 성취하기를 바라는 성공은 비물질적인 잣대로도 평가되어야 한다. 예를 들어 사랑을 나누고 자비를 베푸는 능력, 기쁨을 느낄 줄 알고 그것을 주위에 퍼뜨리는 능력, 인생의 진정한 목표를 이해하는 데서 비롯한 자신감 그리고 궁극적으로는 자신이 우주만물의 창조력과 연결되어 있다는 자각을 포함해야 한다. 이런 것들은 모두 내면을 진정으로 충족시켜주는 영적인 관점에서 성공이 갖추어야 하는 구성요소다.

따라서 삶이 하루하루 소박하면서도 경이롭게 다가온다면 당신은 성공한 셈이다. 그런 점에서 모든 아기들은 진정한 의미에서 성공적인 인생을 살아가는 것 같다. 어쩌면 대수로울 것도 없는 일상의 삶과 마주하며 매 순간 경이로워 하는 아기들의 능력이야말로 자연이 진심으로 우리의 성공을 원한다는 가장 확실한 증거가 아닐까.

 인생이라는 선물에 기쁨으로 화답하는 것은 인간이 타고난 본성이다. 우리 마음에는 신의 씨앗이 심어져 있다. 영적인 탐구는 우리 내면에 깃들어 있는 이 신성한 씨앗에 물을 주는 것이다. 좋은 인생이란 바로 우리 내면에 간직된 인생의 참된 목적을 움트게 하는 것이다. 때가 되면 우리의 내면과 우리를 둘러싼 주위에서 신의 꽃들이 피어나고, 이로써 우리는 어디에 있든지 그 신성한 기적을 목격하고 깨닫기 시작한다.

 그러므로 부모로서 우리가 해야 할 일은 자녀들이 영적 탐구를 시작할 수 있도록 도와주는 것이다. 이 일은 돈이나 안락한 집, 아이에게 사랑을 퍼붓는 것보다 훨씬 나은 일이고, 부모가 자녀의 성공을 위해 해줄 수 있는 최선이기도 하다. 물론 내가 제시하는 부모의 역할은 당신이 생각하는 것과 다를 수도 있다. 그렇다면 이 책을 통해 부모 노릇이 가진 영적인 차원을 깊이 잘 생각해보라고 권하고 싶다.

 '영성'이라는 이름의 새로운 방식으로 부모 노릇을 하려면 아이들을 지도할 실천 원리가 필요하다. 지금 내가 염두에 두고 있는 원리들은 모두 전작인 《성공을 부르는 일곱 가지 영적 법칙》에 실린 내용의 연장선상에 있다. 영혼과 연결되기 위해서는 반드시 '영혼의 법칙'에 대해 알아야 한다. 그리고 영혼의 법칙들을 하나하나 실천할 때 우리는 저절로 자연과 조화를 이루게 된다. 반면에 영혼의 법칙과 상반되는 생활방식은 우리를 긴장과 경쟁으로 이끌 뿐이다. 물론 경쟁을 기반으로 얻은 성공이 일시적으로 우리에게 멋진 것들을 가져다줄 수도 있다. 하지만 그 성공에서 궁극적인 내면의 만족감은 결코 얻을 수 없을 것이다.

내가 제시하는 '일곱 가지 영혼의 법칙'을 간략하게 설명하면 다음과 같다.

- 첫 번째 법칙 : 순수 잠재력의 법칙(The Law of Pure Potentiality)

모든 창조의 근원은 순수의식이다. 순수 잠재력은 보이는 현상계와 보이지 않는 비非현상계 모두에 고루 표현된다.

- 두 번째 법칙 : 베풂의 법칙(The Law of Giving)

자신이 갖고자 하는 것을 기꺼이 남에게 베푸는 미덕을 통해 우리는 돌고 도는 우주의 풍요를 삶 속에서 누리게 된다.

- 세 번째 법칙 : 인과의 법칙(The Law of Karma)

타인에게 성공과 행복을 가져다주는 행위를 선택한 결과로 자신의 성공과 행복이라는 결실을 수확한다.

- 네 번째 법칙 : 최소 노력의 법칙(The Law of Least Effort)

자연의 지혜는 애달아 걱정하지 않아도, 저절로 조화롭게 사랑으로 작용한다. 이러한 지혜를 동력으로 활용하면 우리는 애쓰지 않고도 저절로 성공을 창조할 수 있다.

- 다섯 번째 법칙 : 관심과 소망의 법칙(The Law of Intention and Desire)

우리 마음에서 일어나는 관심과 소망에는 그것을 이룰 수 있는 방법이 이미 내포되어 있다. 순수 잠재력의 영역에서 관심과 소망은 스스로 무한한 조직력을 발휘한다.

- 여섯 번째 법칙 : 초연함의 법칙(The Law of Detachment)

미지의 세계, 그 무한한 가능성의 영역으로 들어가고자 한다면 먼저 모든 집착과 선입견을 내려놓아야 한다. 그래야 우주의 춤을 지휘하는 창조력에 자신을 온전히 내맡길 수 있다.

- 일곱 번째 법칙 : 다르마(삶의 목적)의 법칙(The Law of Dharma)

각자 타고난 재능을 활용해 남을 위해 봉사할 때 우리는 자신의 영혼이 밝게 깨어나는 환희심과 황홀경을 체험한다. 삶의 모든 목적들 가운데 가장 궁극적인 목적이다.

위에 열거한 일곱 가지 영혼의 법칙을 '영적 법칙'이라 부르든 '영적 규범'이라 부르든 상관없다. 한편으로는 영혼이 그 힘을 펼칠 수 있도록 이끌어주며, 보이지 않는 영적인 차원이 보이는 물질의 차원을 움직이는 방식을 보여준다는 점에서 '법칙'이라고 말할 수 있다. 그와 동시에 우리가 마음 깊이 받아들임으로써 진실한 삶에 다가갈 수 있도록 이끌어준다는 점에서 '규범'이라고도 부를 수 있다.

그런데 이러한 법칙 혹은 규범이 필요한 이유는 무엇일까? 아이들더러 그냥 신을 따르고 선하게 살라고 가르치면 충분하지 않을까?

그 이유는 일곱 가지 영적 법칙이 자연의 힘이 어떤 식으로 발현되는지 우리 스스로 직접 체험할 수 있게 해주기 때문이다. 즉, 자신의 삶을 의식적으로 영적 법칙에 맞춤으로써 우주를 향해 성공과 풍요를 직접적으로 요청할 수 있다. 이는 자신의 본성을 이해하고 거기에 깃든 무한한 힘을 이용하는 열쇠의 역할을 한다. 가장 적은 노력으로 가장 조화롭게 그리고 가장 창조적으로 사는 법을 일찍 배울수록 아이들은 삶의 모든 영역에서 성공을 거둘 가능성이 더 높아질 것이다. 이 영적 법칙은 바로 자녀들에게 꼭 필요한, 우리가 물려주어야 할 유산이다. 우리가 그렇게만 할 수 있다면 그보다 더 기쁘고 자랑스러운 일이 또 있을까.

이 일곱 가지 영적 법칙은 다양한 형태로 변형되어 모든 고대 문화의 영적 전승에 등장한다. 하지만 그 중에서도 인도의 고대 경전인 《베다Veda》에 가장 순수한 형태로 남아 있다. 세계적으로도 최고最古의 문헌으로 꼽히는 《베다》는 이미 오천여 년 전에 이러한 영적 법칙에 대해 밝혀 두었다. 일곱 가지 영적 법칙을 깊이 이해하면 할수록 다음과 같은 상상이 구체화될 것이다.

●

인간은 육체(body), 마음(mind) 그리고 영혼(spirit)이라는 세 가지 차원으로 이루어져 있다. 이 가운데 가장 근본적인 차원이 바로 영혼이다. 왜냐하면 인간을 만물의 근원이자 의식의 무한한 영역에 연결시켜주기 때문이다. 영혼이라는 차원에 더욱 밀접하게 연결될수록 우리는 소망과 바람을 이룰 수 있게 조직된 우주의 풍요를 더 풍성하게 누리게 될 것이다. 반대로 영적 차원과 연결고리가 끊어질 때 사람은 누구나 고통에 몸부림치며 아등바등하게 된다. 모든 사람이 무한한 성공을 누리는 것, 그것이 바로 신의 의도다.

따라서 성공이란 억지로 이루려고 노력하는 것이 아닌 지극히 자연스러운 일이다!

순수함에 대한 가르침

일곱 가지 영적 법칙을 아이에게 가르칠 때, 당신은 아이의 눈높이에 맞춰 전달해야 하며 추상적인 개념 대신에 구체적인 비유로 바꿔서 이야기해야 한다. 다행히 내가 어른들에게 가르쳤던 영적 법칙들은 다음과 같이 아이들도 이해할 수 있게 바꾸어 말할 수 있다.

- 첫 번째 법칙 : 순수 잠재력의 법칙

"넌 뭐든지 할 수 있단다."

- 두 번째 법칙 : 베풂의 법칙

"무언가를 바란다면, 먼저 그걸 베풀어봐."

- 세 번째 법칙 : 인과의 법칙

"네가 지금 내리는 선택에 따라 네 미래가 달라진단다."

- 네 번째 법칙 : 최소 노력의 법칙

"거부하지 말고 흘러가는 대로 따라가 보렴."

- 다섯 번째 법칙 : 관심과 소망의 법칙

"뭔가를 바라고 관심을 기울이는 것 자체가 '소망의 씨앗'을 심는 일이란다."

- 여섯 번째 법칙 : 초연함의 법칙

"삶을 여행하듯이 즐기렴."

- 일곱 번째 법칙 : 다르마(삶의 목적)의 법칙

"네가 이 세상에 태어난 건 뭔가 이유가 있어서란다."

이 단순한 일곱 개의 문장을 적어나가던 날, 나 자신도 모르게 무릎을 쳤다. 어렸을 때 이 일곱 개의 문장을 배웠더라면 내 삶은 완전히 달라졌을지도 모른다는 생각이 들어서였다. 평범한 듯 보이지만 소중하고 실용적인 이런 지혜를 일찌감치 배웠더라면 얼마나 좋았을까. 이런 종류의 지혜는 어렸을 때 배웠다고 해서 자라면서 희미해지는 게 아니다. 오히려 해가 갈수록 무르익어 영성에 대한 이해도 점점 더 성숙해질 수 있다.

영성에 대한 교육을 받고 자란 아이는 우주의 섭리에 관한 근본적인 물음에 답할 수 있다. 또한 자신의 내면과 광활한 우주에 동시에 작용하는 창조성의 근원을 이해할 수 있다. 그 아이는 판단하지 않고, 모든 것을 있는 그대로 받아들이며, 진정한 삶을 살아나갈 수 있을 것이다. 아울러 이런 태도는 훌륭한 인간관계를 맺기 위해 누구나 가져야 하는 최상의 삶의 기술이다. 대부분의 어른들이 스스로 인정하든 인정하지 않든 삶에 찌들어 가슴 속에 품고 있던 '신성함'이 고갈되어 버린 채 살아가는 것과는 대조적이다. 영성에 대한 교육을 받고 자란 아이는 인생의 참된 의미를 알기에 삶을 찌들게 만드는 두려움과 불안에서 벗어날 수 있다.

부모가 아이에게 베풀 수 있는 가장 진정한 보살핌은 '영적인 가르침'을 전하는 것이다. 여기서 말하는 가르침이란 착하게 굴지 않으면 혼난다는 식의 엄격한 규율이나 딱딱한 규칙 같은 게 아니다. 일곱 가지 영적 법칙은 획일적인 규칙이 아닌 부모가 삶을 바라보는 방식으로 전달되어야 한다. 그저 말로 이래라 저래라 하는 게 아니라 부모 스스로가 자신이 어떤 사람인지를 직접 보여줌으로써 자녀를 더욱 효과적으로 가르칠 수 있다. 물론 이와 같은 교육법에도 영적인 관점이 녹아들어 있다.

  모든 아이는 존재 그 자체로 이미 하나의 영적 생명체다. 아이들은 제각각 무한한 창조성과 영혼이라는 순수한 각성의 장에서 태어나기 때문이다. 하지만 모든 아이들이 그런 진실을 아는 것은 아니다. 그 진실을 알게 하려면 영양분을 주고, 잘 북돋아가며 영혼을 가꿔야 한다. 그래야 어린아이의 순수한 영혼이 영적이지 않은 거친 현실세계를 충분히 버틸 수 있을 만큼 강하게 자랄 수 있다.

  무한한 창조의 장은 결코 손상되는 법이 없기에 설령 우리가 영혼과의 연결고리를 잃어버린다 해도 아무런 해를 입지 않는다. 하지만 우리는 다르다. 영혼과의 연결고리를 잃어버린다면 한 사람이 가진 삶의 기회를 송두리째 망쳐버릴 수도 있다. 영혼과 연결될 때 우리 모두는 우주의 자녀들이지만, 영혼과의 연결이 끊어진다면 그저 우주를 정처 없이 표류하는 고아 신세일 뿐이다.

간단한 예를 하나 들어보자. 영적 법칙들 가운데 일곱 번째 항목은 "네가 이 세상에 태어난 건 뭔가 이유가 있어서란다"이다. 이 진리를 다음과 같이 쉽고 일상적인 말로 표현해볼 수도 있다.

- 오늘 나에게는 어제와 다른 어떤 변화가 있었지?
- 나한테서 어떤 재능을 발견했지?
- 어떤 경험(또는 가르침이나 선물)을 할 때 나 자신을 특별하게 느꼈나?
- 누군가가 자신을 특별한 존재로 느끼게 하기 위해 나는 뭘 했지?

위의 질문들은 모두 '나는 왜 태어났을까?'라는 근본적인 질문의 변형이다. 누구나 유년기에 한번쯤은 이런 질문을 던져본 적이 있을 테지만 부모나 선생님도 답을 모른다고 느꼈기 때문에 자라면서 그 답을 찾기를 포기했을 것이다.

 이처럼 삶의 의미를 간단한 방법으로 찾을 수 있다는 것을 배우지 못한 아이는 인생의 어느 순간부터 삶의 의미가 무엇인지 알아낼 수가 없어 고심하게 된다. 우리는 대개 십대 후반이나 이십대 초반까지 이러한 탐구를 미루는 경향이 있다. 사람에 따라서는 중년이 되어서야 비로소 자기 탐구를 시작하기도 한다. 하지만 불행히도 이때는 인간의 성장 단계에서 가장 혼란스러운 시기다. 삶의 의미를 탐구하는 일은 사춘기에 폭발하는 전형적인 반항심과 롤러코스터처럼 폭주하는 감성, 중년에 접어들면서 커지는 죽음에 대한 두려움으로 더욱 혼란에 휩싸이기 쉽다.

 그러나 서너 살 무렵부터 "네가 이 세상에 태어난 건 뭔가 이유가 있어서란다"라고 배운 아이는 아주 다른 미래를 맞이할 것이다. 그런 아이에게 '삶의 의미'를 찾는 일은 마치 알파벳을 배우는 것처럼 자연스러운 일이다. 자아탐구를 계속 미루고 미루다가 마침내 절망적인 내면의 혼란에 직면하는 일도 겪지 않게 된다.

 '나는 왜 태어났을까?'라는 질문을 섬뜩한 실존에 대한 물음으로 받아들이지도 않는다. 그 질문의 답을 찾는 일은 사람이 경험할 수 있는 가장 즐거운 모험이기 때문이다. 아이에게 그런 질문을 던지는 것만으로도 부모는 자녀에게 엄청난 은혜를 베푸는 것이다. 이 영적 원리에 마음을 쏟을 줄 아는 아이는 영혼과 신을 추상적인 세계에 영원히 가두어버린 어른들보다 훨씬 더 풍요롭고 성공적인 삶을 누릴 것이다.

 진정한 영적 성장은 역설적인 방식으로 사람을 변화시킨다. 세상에 대한 이해가 커지는 동시에 아이다운 순수함도 사라지지 않고 보존된다. 하지만 부모들은 어찌 보면 유년시절의 기억으로부터 빨리 벗어나고 싶어 안간힘을 쓰는 것처럼 보인다. 인생에 대해 통달한 것처럼 보이려고 그러는 거겠지만 어린 시절과 달라진 것은 그저 경험의 총량이 많아졌다는 사실뿐이다. 이처럼 우리는 나이를 먹을수록 강한 척해서 약점을 감추는 법, 규칙을 요리조리 빠져나가 처벌을 안 받는 법, 상처를 입지 않기 위해 두껍고 단단한 가면을 쓰는 법에 능숙해져간다. 하지만 부모가 자기 영혼의 순수성을 파괴하면서 살아가면 자녀의 영적 순수성도 저절로 훼손되는 법이다.

영혼의 관점에서 보면 세상에 순수하지 않은 사람은 없다. 누구도 신의 분노를 사지 않으며 신에게 심판받을 일도 저지르지 않는다. 매일 매일이 새롭고, 매순간 기쁨과 경이로움으로 가득한 눈으로 세상을 바라본다. 영혼의 순수함에는 어른이든 아이든 차이가 없다. 단지 어른은 순수하면서 세상에 대한 통찰력도 갖추었다는 것이다. 우리가 자녀들에게 전해주어야 하는 것도 바로 순수한 통찰력이다. 참된 지성을 갖추었으면서도 순수하고, 생기 넘치고, 때 묻지 않은 순박한 품성 말이다.

영성 키우기, 어떻게 시작할까?

아기가 태어난 날부터 부모는 자녀의 영적 스승이 된다. 만일 부모가 마음이 열려 있고, 한없는 신뢰를 보이며, 비판하지 않고, 모든 것을 수용하는 육아 분위기를 만든다면 그러한 품성들은 자연스럽게 아기에게 흡수되어 영혼의 기질로 자리 잡을 것이다.

만일 이 세상이 완벽하다면 당신이 자녀들에게 줄 가르침은 이

한 문장이면 충분하다.

"오직 사랑만을 보여주라. 오직 사랑이 되어라!"

그러나 실제로 우리가 맞닥뜨려야 하는 세상은 그리 완벽한 곳이 아니다. 아이는 자라면서 사방에서 사랑 없이 가해지는 행동과 맞닥뜨리게 된다. 대개는 집 밖에서 일어나는 일이지만 때로는 집 안에서도 그런 일을 겪는다. 그렇다고 당신이 과연 자녀의 영적 스승 노릇을 할 자격이 있는지, 그 정도로 충분히 아이에게 사랑을 주고 있는지에 대해서 너무 불안해 하지는 말자. 영성을 그저 일상의 기술이라고 생각하자. 영성은 그저 있는 그대로의 삶이기 때문이다. 나는 영성이라는 삶의 기술을 어떤 식으로든 아이가 이해할 수 있는 방법을 동원해 가능한 한 빨리 전해주는 것이 좋다고 확신한다.

신생아기(0~12개월)

– 부모가 키워줘야 할 것 : 사랑, 애정, 관심

다행히 우리 세대는 아이를 요람에서부터 엄격하게 훈육하고 단련시켜야 한다는 그릇된 육아법에서 벗어났다. 갓난아기는 영적인 차원으로 볼 때 순금純金과 같아서 갓난아기의 순수함을 소중히 여김으로써 부모는 잃어버렸던 자신의 순수성을 회복할 수 있다. 그러려면 부모가 아기의 발치에 늘 있어주는 것이 가장 중요하다. 아기와의 영적인 유대는 아기를 안아주고, 쓰다듬어주고, 다치지 않게 감싸주고, 아기랑 놀아주는 등 집중적인 관심을 쏟는 과정을 통해 형성된다. 주변에서 이런 '원초적인' 반응을 보여주지 않는다면 어린 생명은 잘 자라날 수가 없다. 마치 햇빛을 받지 못한 꽃처럼 시름시름 시들어버릴지도 모른다.

영아기(12~24개월)

– 부모가 키워줘야 할 것 : 자유, 격려, 존중

이 단계에서 아기에게 처음으로 '에고ego'라는 가장 초보적인 자아(self)가 형성된다. 즉, '나는 존재한다'라는 확신이다.

영아기는 부모 곁에서 벗어나기를 처음으로 시험하는 때이므로 다소 위태롭기 마련이다. 걸음마를 떼기 시작하는 이 시기에 한편에서는 자유와 호기심이 아기를 유혹하고, 반대편에서는 두려움과 불안이 아기를 주저앉힌다. 아기 입장에서는 자신의 체험이 모두 즐겁기만 한 것은 아니다. 따라서 아기가 독립적인 자아를 지닌 존재로 성장하기 위해서는 부모가 이 시기에 걸맞은 영적 가르침을 전해줘야 한다. 바로 '세상이 안전하다'는 가르침이다.

자녀가 안심하고 정서적으로 안정된 어른으로 자라기를 바란다면, 부모는 아기가 24개월이 되기 전에는 겁을 주거나 통제하지 않아야 한다. 설령 아기가 세상과 맞닥뜨려 가끔 상처를 입더라도 가능한 한 아이를 통제하지 않고 자유롭게 행동할 수 있게 격려하는 것이 중요하다.

아이가 실망하거나 상처를 받는다고 해서 그게 실패를 의미하는 것은 아니다. 상처를 받았다고 해서 '세상은 위험한 곳'이라고 결론 내릴 수는 없다. 상처란 아이에게 자신을 정의하는 경계선이 어디부터 어디까지인지 자연스럽게 말해주는 방식일 뿐이다. 통증 역시 걸음마를 시작한 아기에게 '나'라는 존재가 어디에서 시작하고 끝나는지를 경험하게 해준다. 이런 경험들이 쌓여야 불에 데거나 계단에서 구르는 것과 같은 더 위험한 일들을 슬기롭게 모면하는 요령을 터득할 수 있다.

그런데 아기가 자연 법칙을 배워가는 이러한 과정을 부모가 왜곡시켜 버리면 단순한 물리적인 아픔이 심리적인 고통 차원으로 확대된다. 심리적인 고통은 자신의 존재에 대한 깊은 불안을 아이의 영혼에 새겨놓는다.

만약 아이가 상처 입는 일을 일종의 나쁜 일이나 나약함의 증거, 극복할 수 없는 한계, 끊임없이 잠복해 있는 위협 등으로 이해하기 시작하면 영적 성장을 향한 길은 내면에서 차단되고 만다. '세상은 안전한 곳'이라는 믿음 없이 영혼과 연결되기는 어려운 일이다. 사람들은 항상 이 세상의 어딘가에 자기만의 안전한 공간을 확보하려고 안달하지만, 그런 종류의 안정감은 유년기에 새겨진 심리적인 상처들을 극복하지 않고서는 얻을 수 없다.

유아기(24개월~6세)

- 부모가 키워줘야 할 것 : 자기존중, 탐구심

이 시기는 아이에게 '자아존중감(sense of self-esteem)'이 형성되는 단계다. 자아존중감이 생기기 시작하면 아이는 당장이라도 부모의 품을 벗어나 넓고 큰 세상과 마주하고 싶어 한다. 이 시기의 아이에게 세상은 뭔가 해야 할 일이 있고 도전할 만한 무언가가 있는 호기심 가득한 공간이다.

두세 살 이전의 어린 아기에게 뭔가를 해야 하는 책임감 같은 것은 없다. 그저 신나게 놀고 즐기기만 하면 그만이다. 하루하루 펼쳐지는 신선하고 새로운 세계를 접하며 기쁨을 키우는 것 이외에 아이에게 다른 영적인 공부거리는 없다.

그러나 배변 습관을 익히고 혼자서 먹는 법을 배우면서 자아에 대한 개념이 '나는 존재한다'에서 서서히 '나는 할 수 있다'로 확대된다. 아이의 에고가 이 개념을 깨닫게 되면 그때부터 아이의 행동은 도저히 말릴 도리가 없다. 아이는 가족은 물론이고 온 세상을 자기 마음대로 주무를 수 있다고 생각하기 때문이다.

이 시기에 아이의 에고는 마치 막 가동을 시작한 발전기처럼 움직인다. 서너 살이 되면서 아이들이 '미운 골칫덩어리'로 변하는 이유는 갓 태어난 자아에 고압 전류 같은 자유의지와 탐구심이 들쑥날쑥 제멋대로 공급되기 때문이다. 제멋대로 고함치고, 비명을 지르고, 이리저리 뛰어다니고, "싫어! 안 해!"라는 말을 아무 때나 내뱉으며 기분 내키는 대로 현실을 지배하려고 든다. 이런 일들이 정확히 이 단계에서 일어난다.

내가 이 시기를 중요하게 보는 이유는 이 단계의 아이들에게는 이미 영적인 힘이 있기 때문이다. 다만 그 힘이 왜곡되어 문제를 일으키기 쉬우니 아이를 무조건적으로 억누르기보다는 도전할 수 있는 적당한 과제를 주어 힘을 균형 있게 발산할 수 있도록 이끌어줘야 한다.

이때 에너지의 균형이 어그러지면 힘에 대한 아이들의 갈망은 실망이나 슬픔으로 치닫게 된다. 이 시기에 아이가 체험하는 것은 대개 힘에 대한 허상이기 때문이다. 악을 쓰는 세 살배기 아이는 아주 작고, 상처받기 쉬우며, 인격이 채 자리 잡지 않은 미숙한 상태라는 점을 명심하자. 부모의 자식 사랑은 아이가 표현하고자 하는 힘에 대한 환상을 너그럽게 받아들여준다. 아이가 어떠한 외부의 위협에도 자신이 맞설 수 있다고 느끼게 해주고 싶어서다. 이 시기에 아이의 힘을 억누르거나 차단하면 아이의 자아존중감은 제대로 발달하지 못한다.

아동기(6~8세)
- **부모가 키워줘야 할 것 : 베풀기, 나누기, 비판하지 않기, 받아들이기, 진실하기**

아이가 유치원이나 초등학교에 입학하는 시기가 되면, 부모가 키워주어야 할 핵심 덕목은 보다 사회적인 방향으로 확대된다. 아이가 세상에 태어나 6년을 지내면서 무수히 많은 개념들을 흡수하고 실험하면서 뇌가 더 활성화되고 복잡해졌기 때문이다. 그렇다고 해서 6세 전에는 베풀기, 나누기, 진실하기 등의 사회적인 덕목을 무시해도 된다는 뜻은 아니다. 다만 이 시기부터 아이의 사회성이 본격적으로 자라나기 시작한다는 얘기다.

이 단계에서 중요한 점은 추상적인 개념을 비로소 이해하기 시작한다는 것이다. 아이의 생각이 보다 복합적으로 이루어지는 것을 볼 수 있다. 예전에는 자기의 감정만을 내세우며 부모의 행동을 이해하지 못했던 아이가 "나도!" "내 거야!" "나부터!" 같은 자기중심적인 영역을 넘어서서 현실을 이해하고 받아들이는 능력을 꽃피우기 시작한다.

나이가 많든지 적든지 베푼다는 행위는 타인의 욕구에 공감을 보여주는 것이다. 만일 남에게 베푸는 것을 자기 것을 상실하거나 포기하는 것으로 받아들인다면 이 단계의 영적 가르침을 충분히 배우지 못한 것이다. 영적인 관점에서 볼 때, 남에게 베푸는 일은 '당신 또한 나의 일부이므로 내가 당신에게 뭔가를 베푼다고 해서 잃는 것은 없다'는 인식이다. 물론 아이들이 이런 개념을 완전히 이해하는 것은 아니다. 하지만 적어도 어렴풋이 느낄 수는 있다. 아이들은 본래 나누는 것을 너무나 좋아하지만 가끔 그러고 싶지 않을 때가 있을 뿐이다. 아이들은 '에고의 경계선'을 넘어 다른 사람을 자기 세계 속으로 끌어안을 때 마음이 따스해지는 것을 본능적으로 느낀다. 세상에 이보다 더 친근한 행위는 없으며 이보다 더 행복을 느낄 수 있는 행위도 없다.

진실해지는 것도 마찬가지다. 우리는 편안하게 지내고 싶어서 또는 처벌을 피하기 위해 종종 거짓말을 한다. 그런데 처벌에 대한 두려움 속에는 내면의 긴장도 깃들어 있게 마련이다. 거짓말을 해서 위기는 모면한다 해도 내면의 긴장까지 풀리지는 않는다. 내면의 긴장을 해소해줄 수 있는 것은 오직 진실뿐이다.

 진실을 말하면 기분이 좋아진다는 것을 아이에게 가르칠 때, 아이는 진실 속에 영적인 특징이 들어 있다는 깨달음에 한 발짝 다가서게 된다. 이런 가르침을 전하기 위해 벌을 줄 필요는 없다. 만일 "솔직하게 말하지 않으면 혼날 줄 알아!"라는 태도로 아이를 추궁한다면 영적으로 잘못 가르쳐온 것이다.

 아이가 거짓말을 하려는 이유는 두려움 때문이다. 아이는 뭔가 두려운 마음이 들면 진실을 말할 때도 좀 더 그럴듯하게 전하려고 노력한다. 부모가 자녀를 추궁하거나 벌줄 때, 아이는 실제로 자기가 느끼는 것보다 더 그럴듯하게 연기하도록 강요받는 셈이다. 다른 사람의 기대나 요구에 따라 행동하도록 길들이는 것은 아이의 영혼을 파괴하는 가장 확실한 처방이다. 아이는 무슨 일을 하든지 '이건 내가 정말로 하고 싶은 일이야'라고 느낄 수 있어야 한다.

초등학교 시절(8~13세)

- 부모가 키워줘야 할 것 : 독자적 판단, 분별력, 통찰력

아이의 개성과 독립심이 발전하는 시기로 대부분의 부모들이 자녀를 키우면서 가장 즐거움을 느끼는 단계다. 이때부터 아이들은 스스로 생각하기 시작한다. 자신만의 취미나 좋아하는 것과 싫어하는 것을 찾아내며, 무언가에 흠뻑 빠져든다. 이 과정에서 평생 동안 지속되는 경향성이 발현되기도 한다. 어릴 적에 과학이나 예술에 빠져든 것을 계기로 평생의 업이 되는 경우가 그렇다. 이 책에서 말하는 핵심적인 영적 개념들은 모두 이 흥미진진한 시기에 발달한다.

무미건조하게 들릴지도 모르지만 영혼의 아름다운 특징 중의 하나가 '분별력'이다. 이 분별력은 단순히 옳고 그름을 가리는 차원을 초월한다. 이 시기의 신경계는 아이의 미래에까지 지속될 깊고 중요한 인상을 영혼에 새길 수 있다. 열 살배기 아이도 지혜로운 생각을 할 줄 알며, 이 시기에 영혼의 가장 우아한 재능인 '통찰력'이 깨어나기 시작한다. 아이는 이제 자신의 눈으로 보고 판단할 수 있다. 더 이상 어른을 통해 간접적으로 세계를 받아들일 필요가 없다.

　따라서 아이는 이 시기에 영적 법칙을 개념적으로 이해하는 첫걸음을 내딛는다. 그 전까지 영적 법칙을 그저 따라야 하는 규범이나 주의사항 정도로 이해했던 것과는 질적으로 다르다. 그러니 부모는 '법칙'이라는 표현 대신에 '일이 이루어지는 방식'이나 '모든 일이 행한 대로 이루어지는 까닭' 또는 '뭔가를 기분 좋게 해내는 법' 같은 식으로 아이의 통찰에 도움이 되도록 잘 전달하는 게 바람직하다. 이것은 보다 구체적이고 생생한 체험을 통해 가르치는 방법이기도 하다.

　열 살 무렵부터 아이는 나름대로 추상적인 추론을 하며, 어떤 권위 있는 존재가 아닌 자기 자신의 경험을 스승으로 삼아 생각을 발전시키기 시작한다. 이런 '영적인 신비'가 일어나는 이유가 있다. 태어나는 순간부터 아이는 줄곧 경험을 해왔지만 이 시기에 이르면 갑자기 세상이 아이에게 말을 걸어오기 때문이다. 아이는 어떤 일에 대해 왜 옳고 그른지, 진실이나 사랑이 왜 중요한지에 대해 스스로 깨우치기 시작한다.

십대 초반(13~15세)

- 부모가 키워줘야 할 것 : 자각, 실험, 책임감

십대 초반은 아동기가 끝나고 사춘기가 시작되는 시기다. 예로부터 온갖 시행착오로 고난을 겪는 시기로 인식되어 왔다. 아이다운 순수함은 사춘기를 관통하면서 부모가 더 이상 채워줄 수 없는 욕구들과 만나게 된다. 이 과정에서 부모는 자신도 과거에 상당한 혼란을 겪으면서 가까스로 적응했던 것처럼 변화의 소용돌이에 잘 대처하리라는 믿음으로 자녀를 놓아줘야 한다는 깨달음을 얻게 된다.

이 단계에서 중요한 것은 어린 시절에 배운 가르침이 쓰든 달든 열매를 맺는다는 사실이다. 진정한 영적 지혜를 마음에 품고 성장한 아이는 부모가 그 아이를 자부심과 신뢰로 키웠음을 증명해준다. 마찬가지로 혼란이나 아슬아슬한 위험, 또래와의 갈등을 표출하는 아이는 지난날 부모의 양육에 숨겨진 혼란이 있었음을 보여준다.

사춘기는 흔히 자의식이 형성되는 시기로 알려져 있지만 진정한 자각의 시기가 될 수도 있다. 아동기에서 청소년기로 넘어갈 때 시행착오를 겪는 것은 자연스러운 일이지만 그 시도가 반드시 무모하고 파괴적일 필요는 없다. 문제는 아이가 지침으로 삼을 만한 '내면의 자아'를 가지고 있느냐다. 이 내면의 자아는 삶에 대한 진정한 지혜를 기반으로 옳고 그름을 분별하는 침묵의 목소리다. 이러한 지혜는 나이의 많고 적음에 국한되지 않는다. 갓난아이라도 성숙한 어른 못지않은 충만한 지혜를 가지고 있다. 차이가 있다면 성숙한 어른은 내면의 목소리를 따르도록 연습을 해왔다는 것뿐이다.

만약 아이에게 내면의 소리에 귀 기울이는 법을 가르쳤다면 아이를 세상 속으로 내보낸다 해도 위험하지 않다. 아이가 살면서 부딪치는 혼란스러울 정도로 다양한 선택을 앞에 놓고 끊임없이 실험을 하면서 자각을 키워가는 과정을 지켜보는 것은 (때로는 염려가 되어 신경이 바짝 곤두서기도 하지만) 부모로서 분명 즐거운 체험이다.

영적 교사와 좋은 부모의 차이

우리들 대부분은 영적인 삶을 별로 중요하지 않게 생각하는 사회에서 성장했다. 따라서 자녀의 영적 교사 노릇을 해야 한다는 게 당황스러울 수 있다. 아이의 영적인 교사가 되는 것과 사랑이 넘치는 좋은 부모가 되는 것은 어떻게 다를까? 이를 보다 명확하게 보여주기 위해 어느 아이에게나 매우 중요한 문제인 '옳고 그름'에 대해 가르치는 것을 예로 들어보겠다.

이 책을 읽고 있는 독자라면 아이를 처벌과 질책으로 가르치는 낡은 관습은 피해야 한다는 데 모두 동의할 것이다. 부모가 체벌을 해서 자신의 권위를 세우면 부모 스스로도 풀지 못한 도덕적 딜레마를 더욱 두드러지게 할 뿐이다. 아이는 부모의 말과 행동 사이에 괴리가 있다는 것을 빨리 감지해낸다. 아이는 처벌이 두려워 부모에게 복종하는 것을 배우겠지만 정서적인 차원에서 볼 때 아이는 위협하고 강요하는 부모가 '좋은 모델'이 아니라는 것을 직감적으로 안다.

그러나 부모가 아무리 아이를 제대로 키우겠다는 최선의 의지를 마음에 품고 노력해도, 때로는 분노와 좌절감에 휩싸여 아이에게 벌을 주고 싶은 충동을 느낄 수 있다. 그 순간 자신의 모습을 차분하게 살펴보면, 자신의 가슴속에서 풀리지 않는 문제를 해소하기 위해 처벌을 이용한다는 사실을 깨닫게 될 것이다. 다른 사람들과 마찬가지로 부모의 마음도 엉켜 있는 문제들로 가득하다. '나는 항상 선할 수 있다고 확신하는가?' '나쁜 일을 저질렀을 때, 신이 내릴 정당한 처벌이 두려운가?' '선善이 악惡을 이기기는커녕 맞설 만한 힘조차 없는 것처럼 느껴지는 상황에서도 우리는 악 앞에서 무기력해지지 않을 수 있는가?' 등등.

양육 방식을 선택하는 문제에서도 영적인 부족함이 드러나지만 이런 상황을 피해갈 수는 없다. 부모가 아무리 아이에게 사랑을 베풀고 관대해지려고 해도 스스로의 마음에 회의가 일어나는 순간은 반드시 오게 돼 있다. 영적 교사가 된다는 것은 단순히 어떻게 행동하면 된다는 수준을 넘어서는 일이다. 영적 교사로서 부모는 오로지 영적인 삶의 원리를 아이에게 가르쳐주기 위해서 존재하기 때문이다.

영혼의 의미를 가르치는 가장 쉬운 방법은 영혼이 사랑으로 충만하게 분위기를 만드는 것이다. 아기를 갖는다는 것은 너무나 은혜로운 일이어서 부모라면 누구나 백 번이고 천 번이고 그 선물에 보답하고자 하는 마음이 저절로 우러나게 마련이다. 나도 그런 충동을 자주 느꼈고, 두 아이에게 일곱 가지 영적 법칙을 실제로 가르치면서 이 책을 쓸 자신감을 얻었다.

아이가 지닌 특유의 순수함은 우리를 진실과 사랑에서 한 치의 어긋남이 없는 교사가 될 수 있도록 이끌어준다. 하지만 당신이 완전한 사랑의 정신으로 부모 노릇을 하지 않는다면 아이에게 어떤 영적 법칙을 가르치려고 해도 아무 소용이 없을 것이다. 복종을 강요하는 권위자가 사라지는 순간 아이는 그 법칙을 곧장 폐기해버릴 것이기 때문이다.

나와 아내는 아이들을 키우면서 우리도 모르는 사이에 이런저런 원칙을 실천하게 됐는데, 그 내용을 정리해 보면 다음과 같다.

- 우리는 아이들이 영혼을 실체로 받아들이고, 무한한 사랑의 근원이 자신들을 감싸고 있다고 믿도록 가르친다. 이 말은 곧 신이 세상에 어떻게 구현되는지에 대한 정의다.

- 우리는 아이들에게 세속적인 성공을 거두라고 강요하지 않는다. 우주는 사람의 직업이나 하는 일이 아니라 사람의 됨됨이를 소중히 여긴다는 것을 우리 식으로 가르친다.

- 우리는 아이들에게 벌을 줘야겠다고 느낀 적이 없다. 우리가 실망하거나, 화가 나거나, 마음이 아플 때는 아주 솔직하게 아이들에게 알려주었다. 이처럼 우리는 규칙을 따르게 하는 게 아니라 아이들이 스스로 심사숙고하도록 가르친다.

- 우리는 언제나 아이들이 '우주의 선물'임을 기억한다. 그리고 우리가 느낀 점을 아이들도 알게 한다. 우리는 아이들을 키우게 된 일이 얼마나 큰 은총이자 영광인지를 이야기한다. 우리는 아이들을 소유하지 않는다. 우리의 기대를 아이들에게 떠맡기지도 않는다. 좋은 쪽으로든 나쁜 쪽으로든 아이들을 다른 누군가와 비교하지 않는다. 이를 통해 아이들이 스스로 완전하다고 느끼게 한다.

- 우리는 아이들에게 다른 사람의 삶을 변화시킬 수 있는 재능이 있다고 이야기해준다. 삶 속에서 그들이 원하는 것은 무엇이든지 변화시키고 창조할 수 있다고 가르친다.

- 우리는 아이들이 아주 어릴 때부터 어떻게 성공하는 게 중요한지 설명해준다. 어떻게 해야 자신에게 의미가 있는 목표를 이룰 수 있는지, 기쁨을 주는 목표를 이룰 수 있는지 말이다. 이것은 다른 사람들에게 기쁨과 의미를 줄 수 있는, 우리가 아는 가장 좋은 방법이다.

- 마지막으로 우리는 아이들의 꿈을 북돋아준다. 이런 방식으로 우리는 아이들에게 내적 세계로 향하는 왕도王道, 즉 자신의 욕망을 믿고 따르라고 가르친다.

나와 아내는 결코 완벽한 부모는 아니었다. 당연히 우리가 세운 이상에 수많은 시행착오를 반복하면서 영감에 의지해 아이들을 키우는 방법을 찾아내고 또 찾아냈다. '어떻게 영혼에 머무는지

(in spirit)' 보여주는 것이 '영감을 받았다(inspired)'는 말의 실제 의미이며, 이것은 '신의 숨결로 숨을 쉰다'라는 뜻이기도 하다. 또 '열정(enthusiasm)'이라는 말의 실제 의미 역시 그리스어인 'en theos(신 안에서)'에서 유래했다.

끝으로 가장 중요하게 여기는 요소가 하나 있다. 부모로서 당신이 아이들에게 영적 법칙들을 구체적으로 전해주고 싶다면, 먼저 자신의 삶이 성공적이었는지 살펴보자. 이를 가늠하는 가장 간단한 방법은 아이들이 당신에게 영감을 받아 열정적으로 살아가는지를 관찰하는 것이다. 영감, 열정, 기쁨은 영적인 삶의 필수 요소다. 그런 것들이 없다면 나이가 몇 살이든 영적인 삶을 살아갈 수 없다.

이 기회를 빌어서 내 아내 리타에게 깊은 감사를 전한다. 아내의 타고난 사랑과 친절이 언제나 영적인 길을 가도록 나를 이끌었다. 우리는 마음에서 우러나는 자연스러운 행동을 했을 뿐 부모임을 굳이 내세우지 않았다. 아이들에게 복종하라고 명령하거나 부모로서의 권위를 내세우지 않았다. 언제나 대답을 알고 있다는 듯이 위장하지도 않았다. 감정을 억누르지 않았고, 아이들에게도 감정을 억누르는 게 좋다고 말하지 않았다. 그리고 우리 자신이 살아보지 못해 아쉬웠던 삶이 아니라 아이들 스스로의 삶을 살게 하려고 노력했다.

  우리가 실천했던 육아의 원칙들을 한 문장으로 정리하면 다음과 같다.

> "모든 아이들에게는
> 부모가 줄 수 있는 가장 성숙한 사랑이 필요하다."

어른이 된다고 해서 사랑이 성숙하는 건 아니다. 영적으로 살고자 하는 의식적인 노력과 의지가 있어야 사랑은 성숙한다. 아이를 낳으면서 부모는 영적 교사로서 첫발을 내디딘다. 사랑의 은총에 의지하고, 그렇게 살려는 의지를 길잡이로 삼아 앞으로 닥쳐올 시련의 시간을 살아나간다. 부모는 영적인 지혜에 기대어 개인적으로 저지를 수도 있는 숱한 오류에서 벗어난다. 그리고 그렇게 함으로써 아이들에게 가장 심오하며 가장 귀중한 교훈들을 가르친다.

The Seven Spiritual Laws For Parents

2

아이의 영혼을 깨우는
일곱 가지 지혜

우리가 아이들에게 물려주어야 할
두 가지 영원한 유산이 있다.
하나는 뿌리고, 다른 하나는 날개다.

— 호딩 카터 Hodding Carter

일곱 가지 영적 법칙이 가족의 일상에 자연스럽게 스며들도록 아이들이 아주 어릴 때부터 가르치기 시작하자. 어떠한 강요나 압박을 가하지 않고 자연스럽게 해낼 수만 있다면, 아이들은 영적인 지혜가 삶을 얼마나 성공적으로 만드는지 몸소 체험하면서 성장하게 될 것이다.

아이들은 시간이 흐를수록 그 법칙이 어떤 의미를 갖고 있는지 점점 더 깊이 깨닫게 된다. 아이들은 부모가 하는 말을 듣고 배우는 게 아니라 부모가 살아가는 방식 자체를 보고 배운다는 사실을 명심하자. 언제나 부모가 직접 실천하는 것이 가장 강력하고 긍정적인 교육 효과를 발휘한다.

아이들은 역할 모델과 본보기로서 부모가 필요하다. 그래서 아이들은 아주 어릴 때부터 부모의 말과 행동을 조용히 지켜본다. 부모가 성장하고 변화하며 삶에서 더 많은 의미와 기쁨을 발견하는 모습을 본다면, '우주와 조화를 이루며 살아간다'라는 표현은 아이들의 삶에서 실질적인 힘을 갖게 된다. 설령 아이들이 그와 관련된 영적 법칙을 제대로 이해하지 못한다 해도 아이들 스스로가 그런 삶을 원하게 될 것이다.

이번 장에서는 가족이 요일별로 매일같이 할 수 있는 프로그램의 개요를 보여주려고 한다. 일요일에 '순수 잠재력의 법칙'을 시작으로 해서 날마다 한 가지 영적 법칙을 정해 그 의미를 탐구하는 것이다. 우리 가족을 예로 들면, 날마다 한 가지 법칙의 의미에 대해 토론하고 그 법칙이 그날 어떻게 적용되었는지 사례를 찾아본다.

일반적으로 모든 영적 실천은 '깨어 있음'에 집중한다. 일곱 가지 영적 법칙에 주의를 기울이며 하루를 보냄으로써 삶의 구석구석에 그 법칙들이 자리 잡도록 되새기는 것이다. 매일 반복되는 각각의 기본 활동에는 그 날의 법칙에 주의를 집중하기 위한 세 가지 활동을 제시했다. 예를 들어 일요일에는 '순수 잠재력의 법칙'에 주의를 기울이기 위해 '침묵 명상, 자연과의 교감, 판단하지 않기'라는 세 가지 활동을 제시했다. 아이들과 부모를 비롯해 가능한 한 가족 모두가 조금이라도 시간을 내어 빠짐없이 이 활동을 하기로 약속하라. 물론 온 가족이 같은 시간에 함께 할 수 있다면 제일 좋다.

사실 이 세 가지 활동을 전부 연달아 한다고 해도 시간이 그리 많이 걸리지는 않는다. 넉넉잡아도 30분이면 충분하다. 사실 이 활동을 얼마나 오래 하느냐가 중요한 게 아니라 얼마나 집중해서 깨어 있는 의식으로 하느냐가 중요하다. 찰나의 시간에도 아름다움을 알아차릴 수 있는 법이다. 다른 사람들을 향해 옳으니 그르니 하며 판단하는 습관을 그치는 데는 시간조차 걸리지 않는다.

요일별 프로그램에서 활동의 정점을 이루는 시간은 저녁식사 시간이다. 그날 각자가 행하고 관찰하고 배운 것에 대해 서로 이야기를 나눠보자. 좋은 대화는 서로 자유롭게 이야기를 나누되 강요하지 않는 분위기에서 이루어진다. 하고 싶은 말이 많든 적든 그저 편안한 분위기에서 느끼는 대로 격의 없이 말하면 된다. 물론 일곱 가지 영적 법칙이 낯설게 느껴지는 초기에는 아이들이 편안하게 말을 꺼낼 수 있도록 부모가 북돋아줄 필요도 있을 것이다. 하지만 부모가 이런 분위기를 편안하게만 이끈다면 아이들도 금방 감을 잡고 따라간다. 바로 그때가 부모가 아이들의 말을 들어주고 아이들에게 긍정적인 관심과 주의를 기울여야 할 순간이다.

The Day of Pure Potentiality
"Everything is possible, no matter what."

일요일
Sunday

순수 잠재력의 날

"넌 뭐든지 할 수 있단다."

사과 속에 든 씨앗의 수는 누구나 셀 수 있지만,
씨앗에 든 사과의 수는 아무도 셀 수 없다.

— 작자 미상

❋ **일요일에** 온 가족이 함께 '모든 것이 가능하다'는 생각에 마음을 집중해보자. 모든 것이 가능한 장場은 바로 우리의 근원인 영혼의 영역이다. 모든 사람의 내면에는 어떤 방향으로든 자랄 수 있는 창조의 씨앗이 들어 있다. 이처럼 우리의 진면목은 '무한한 잠재력'에 있기 때문에 자기 자신 외에는 그 무엇도 자신을 한계에 가둘 수 없다.

근원과 연결되면 우리가 지닌 모든 가능성을 일상생활에서 발휘할 수 있다. 실행의 차원에서 보면, 이 말은 '순수한 자각'이라는 고요한 영역을 체험하는 데 시간을 할애하라는 뜻이다. 아이들은 침묵이 '영혼의 집'이라는 것을 배워야 한다. 세상 모든 것들은 소리를 내어 소통하지만 영혼은 소리 없이 교류하기 때문이다.

순수 잠재력의 영역에 닿는다는 것은 '내면의 안내자(self-referral)'를 경험한다는 뜻이다. 바깥으로 향했던 시선을 자신에게로 돌려 자기 내면에서 안내 지침을 찾는다는 뜻이다. 이 내면의 안내자를 통해 물질적인 성공으로는 채울 수 없는 영적인 만족감을 얻을 수 있다. 우리가 성공을 원하는 이유는 단지 돈이나 값진 물건을 획득하는 것을 넘어서 행복과 지혜가 충만한 영역에 닿으려는 데 있다. 일요일은 그런 믿음을 가지고 한 주의 기반을 다지기에 좋은 날이다.

아이들에게는 잠재력 같은 추상적인 단어보다는 가슴이나 마음이라는 단어를 쓰는 것이 더 효과적이다. 예를 들어 "네 가슴에서 말하는 소리를 들어봐. 네 마음은 이미 답을 알고 있단다"라고 시작하면 좋을 것이다. 다음 문장들을 참고하라.

- 네가 원하면 어떤 사람이든 될 수 있다는 사실에 가슴을 열어놓으렴.

- 네 마음속에 있는 어떤 것이라도 모두 가능하단다.
- 결국 일이 다 잘 될 거라고 네 가슴이 알고 있잖니?
- 네 마음이 순수하다면 무엇이든 이루어낼 수 있단다.
- 주위에서 무슨 일이 일어나든 넌 해낼 수 있다는 걸 가슴으로 알고 있잖니?

여기서 명심해야 할 것은 가슴이나 마음이라는 단어가 단지 감정에 국한된 말이 아니라는 것이다. 가슴은 영혼의 중심이다. 가슴은 침묵과 지혜의 저장소다. 물론 사랑이나 자비심 같은 진실한 감정도 가슴에서 솟아난다. 하지만 한 걸음 더 나아가 아이가 가슴을 '나는 존재한다'는 의식이 머무르는 곳으로 삼게 되기를 바란다. 가슴은 모든 가능성이 넘쳐흐르는 영감의 근원이기 때문이다. 가슴은 순수한 잠재력의 차원과 연결되는 곳이다. 따라서 가슴으로 느끼지 못하는 성공이라면 그건 성공이 아니다.

아이와 함께하는 일요일

일요일에 아이들과 함께할 세 가지 활동은 '침묵 명상하기, 자연의 아름다움과 경이로움 음미하기, 익숙한 상황 속에서 새로운 가능성 발견하기'다.

1 침묵 명상하기

먼저 가족 구성원 가운데 어른들이 오전과 오후에 각각 15~20분간 조용히 명상을 하자. 그러면 아이들은 어른이 명상하는 모습을 보면서 자연스럽게 무언의 가르침을 받게 될 것이다. 만약 아이가 예닐곱 살 이상이라면 매일 몇 분 동안이라도 혼자서 조용히 침묵 속에 머무르는 게 좋다고 가르치기 시작하자. 하지만 예닐곱 살이 채 되지 않았다면 아이들의 자연스러운 에너지를 억지로 눌러 명상을 시키려고 하지는 말자.

'내면의 침묵'은 신경계가 성숙하기 전에는 피어날 수 없는 섬세한 경험이다. 대략 열두 살 이하의 아이에게는 부모가 직접 본보기가 되는 것만으로도 충분하다. 명상을 매일 해야 한다고 강요하기보다는 부모가 아이와 함께 앉아서(이왕이면 당신이 명상하고 있는 동안) 눈을 감은 채 조용히 숨을 쉬어보라고 가르치자. 아이에게 호흡이 부드럽게 들고 나는 것을 느껴보라고 하자. 자녀가 나이가 제법 들었다면 부드럽고 환하게 밝은 빛이 코를 통해 들고 난다고 상상해보라고 시각적인 이미지를 제시할 수도 있다. 아이가 침묵 명상의 즐거움을 터득할 수 있도록 격려하고 북돋아주자. 물론 아이에게 일방적으로 시키기보다는 부모가 명상을 즐기는 모습을 보여주는 게 아이에게 동기를 부여하는 최선의 방법이다.

처음에는 이 호흡 수련을 5분 정도만 해도 충분하다. 아이가 열 살이나 열두 살 무렵이 되면 15분까지 차츰 시간을 늘려보자.
 아이를 불러 앉혀서 함께 명상을 할 때, 아이가 가만히 앉아 있지 못하더라도 초조해 하지는 말자. 아이가 계속해서 명상에 집중을 못 하고 산만하게 굴면 부모가 명상하는 동안 그냥 밖에 나가 놀게 하자. 시간은 다소 걸리겠지만 부모가 명상을 즐긴다는 것 자체가 본보기가 되어 아이도 자연스럽게 명상을 즐길 날이 올 것이다.

그렇다면 부모는 명상을 어떻게 해야 할까? 위에서 설명한 '호흡 명상'이나 소리에 집중하는 '소리 명상'을 권한다. 명상의 가치는 지혜를 얻는 데 있다. 지혜 없는 명상은 가치가 반감된다. 그러니 아이에게 명상의 이점을 잘 설명해서 아이가 명상을 할 수 있도록 북돋워주자. 내면의 침묵은 마음을 맑게 한다. 그리고 자신의 내면세계를 소중히 여기게 해준다. 또 우리가 어려움이나 시련을 만났을 때 외부가 아닌 자기 자신에게 집중해서 평화와 영감의 근원을 회복할 수 있도록 도와준다.

2 자연의 아름다움과 경이로움 음미하기

자연은 영혼의 숨결이다. 자연의 아름다움은 '우리가 여기에 존재한다'는 영혼의 경이로움 그 자체다. 당신이 야외로 나가 자연에서 시간을 보낼 때, 가령 공원을 산책하거나 숲속 오솔길을 거닐거나 해변이나 산을 감상할 때, 그저 작은 꽃 한 송이에서도 무한한 창조력을 음미할 수 있다. 내가 즐겨 얘기하는 격언 가운데 "우리는 신이 주는 선물을 그저 자기 그릇만큼만 받아들인다"라는 말이 있다. 성공이라는 관점으로 보면 이것은 전적으로 사실이다. 당신은 자신의 시야가 허락하는 곳까지만 볼 수 있다. 그런 점에서 자연은 당신이 가진 인식의 지평을 넓히기에 더 없이 완벽한 장소다.

아이는 자연의 경이로움이 주는 소리 없는 격려와 용기를 즐긴다. 부모는 자연이 얼마나 우리의 답답한 가슴을 탁 트이게 하는지, 또 얼마나 자유로운 기분을 느끼게 해주는지를 짚어주면서 아이의 체험을 도와줄 수 있다. 드넓은 창공이나 비바람 따위에도 끄떡없이 우뚝 솟아 있는 산을 바라보면 "난 뭐든지 할 수 있어!"라는 기분이 자연스럽게 샘솟는다. 자연의 물질적인 측면에 중점을 두는 사람들은 자연의 광대한 크기에 비해 인간이 하찮다고 여기지만 영적인 차원에서 보면 전혀 그렇지 않다. 영적인 관점에서 보면 광활한 자연계는 오히려 우리가 무한한 세계와 하나가 될 수 있다고 느끼게 해준다.

3 익숙한 상황 속에서 새로운 가능성 발견하기

우리가 살아가는 모든 순간순간이 '무한한 가능성'에 이르는 지름길임을 기억하자. 그러나 자신이 마음을 열지 않으면 그 모든 가능성의 문은 닫혀버린다. 아이들에게 뻔하고 익숙해 보이는 상황에서도 그 안에 숨어 있는 새로운 가능성을 발견하고 새로운 시도를 하도록 가르치는 게 중요한 이유다.

  새로운 가능성을 발견하려면 무엇이 필요할까? 부모는 통찰력과 분별력을 갖추고, 선입견에서 자유로워야 하며, 마음을 열 준비가 되어 있어야 한다. 성공은 통찰력, 분별력, 열린 마음에 달려 있다. 우리가 아이들에게 가르쳐야 하는 것도 이런 태도다. 그러기 위해 다음의 질문을 자주 던져보는 게 도움이 된다. "이걸 다른 방식으로 볼 수는 없을까?"

  모든 일은 언제나 다른 방식으로 볼 수 있다. 친구가 들려준 이야기를 예로 들어보겠다.

얼마 전에 내 친구는 저녁식사에 초대를 받았다. 그런데 그 집에 들어서자마자 초대한 분에게서 밥투정을 하는 막내딸이 있으니 양해를 구한다는 부탁의 말을 들었다. 막내딸이 통 먹지를 않는다는 것이다. "우리 아이에게 문제가 있어요. 여섯 살인데, 밥을 먹지 않겠다고 떼를 써요."

친구가 식탁에 앉자, 역시나 그 막내딸은 "나 이거 싫어!" "이건 너무 이상하게 생겼어!"라며 불평을 늘어놓기 시작했다. 이미 몸에 배어 일상이 되어버린 딸의 행동에 부모는 하는 수 없다는 듯 체념해버린 눈치였다. 부모의 심정도 이해는 가지만 사실 그런 식으로 마음을 닫아버리기 때문에 우리는 낡고 관습적인 패턴에 갇히고 만다.

친구는 한 가지 꾀를 냈다. 갑자기 뭔가 생각이 났다는 듯이 막내딸 쪽으로 몸을 기울여 속삭였다. "네 접시의 음식이 너무 맛있어 보이는데, 먹어도 되지?" 그는 나이프로 막내딸의 접시 가운데에 선을 그었다. "좋아, 됐어! 이제부터 선 이쪽은 내 거야.

무슨 일이 있어도 넌 여기에 손대면 안 돼. 알겠지?" 친구는 장난기 많은 목소리로 말했다. 갑자기 막내딸의 눈이 휘둥그레졌다. 그 아이에게 식사시간은 언제나 부모와 실랑이를 벌이는 힘겨운 자리였는데 친구가 놀이로 바꿔버린 것이다. 친구는 일부러 다른 사람들에게 들으라는 듯이 큰 소리로 말했다. "우리 공주님이 내 음식을 안 먹기로 했죠. 그렇죠? 절대 안 먹을 거예요. 맞죠?"

그러자 막내딸은 친구 쪽 음식을 허겁지겁 남김없이 다 먹어버렸다. 그 놀이에 참여하고 싶은 유혹이 너무 컸던 것이다. 아이의 부모를 포함해 모든 사람들이 지니고 있던 낡은 사고의 틀을 부수고 새로운 시도를 한 좋은 사례다.

우리는 흔히 세상을 인식하는 방식을 바꿔볼 생각은 하지 않은 채, 스스로 자기 인생에 한계를 짓는 경향이 있다. 우리가 늘 무한한 가능성과 마주하면서도 놓치는 이유다. 특정 조건에만 반응하도록 스스로 설정해 놓은 탓에, 현재의 상황을 새로운 눈으로 관찰하지 않고 기계적으로 판단하기 때문이다. 우리 마음은 툭하면 이렇게 말한다.

- 나는 이게 싫어.
- 내가 이걸 어떻게 알아?
- 나도 이미 다 알거든!
- 그건 틀렸어(그건 나빠 / 그건 따분해).
- 더 이상은 어쩔 수 없어.

일요일은 이런 말에 붙들리기에 좋은 날이다. 이런 말이 튀어나오는 상황은 늘 생긴다. 누군가 혹은 무언가가 우리의 앞길을 가로막으면 우리는 습관적으로 판단하여 새로운 가능성이 다가오는 것을 차단하고 만다. 그러니 단 한 번이라도 그런 순간이 왔음을 눈치채거든 인식을 전환하기 위해 노력해보자. 아이에게도 자기 자신에게서든 다른 누군가에게서든 새로운 자질을 찾아보라고 가르치자. 그리고 아이가 상상력을 펼칠 수 있도록 질문하자. 마음껏 상상하고, 마음껏 경험하게 하자. 마음의 문을 활짝 열게 하자.

이것만으로도 당신은 아이의 성공적인 인생을 위해 크게 기여한 것이다. 성공이란 남들이 지나쳐버린 기회와 가능성을 포착

한다는 뜻이니 말이다.

아이들이 성장하여 추상적 개념에 대한 이해력이 높아지기 시작하면 판단하지 않는 요령을 가르치는 것이 매우 중요하다. '판단하지 않기'는 다른 사람들과 그들의 행동 방식에 대해 옳고 그름을 따지며 단정하지 않는 태도를 말한다. 그것은 받아들임, 비폭력, 생명에 대한 연민이라는 성숙한 태도로 나아가기 위한 첫걸음이다.

영적인 지혜에 기반을 두고 살아가는 사람들은 삶을 대할 때 쉽게 판단하지 않는다. 하지만 대부분의 사람들은 무의식적인 판단에 사로잡혀 부정적인 감정을 주위 사람들에게 투사한다. 마음에서 일어나는 감정적인 반응을 실재(reality)와 혼동하기 때문이다.

사람들은 누군가가 자신을 화나게 하거나 우울하게 하거나 두려움을 느끼게 하면 그 부정적 감정들을 그 사람의 탓으로 돌린다. 하지만 영적 지혜의 차원에서 보자면 순수 잠재력의 법칙은 우리에게 삶이란 '열린 가능성' 그 자체이기 때문에 무엇에 대해

서든 쉽게 단정 짓거나 결론을 내릴 수 없다고 말한다. 모든 가능성이 우리의 내면에 깃들어 있기 때문이다.

"우리 본성 안의 어떤 것도
외부의 누군가가 창조하거나 파괴할 수 없다."

따라서 당신을 화나게 하거나 두렵게 만드는 바로 그 사람이, 당신에게 저지른 것과 똑같은 일을 누군가에게 한다고 해도 그 사람에게는 전혀 다른 반응이 일어날 수 있다. 이것이 일요일의 공부거리다. 일요일에는 모든 사람을 사랑으로 바라보고, 아무런 판단도 내리지 않고, 그 누구도 좋다거나 나쁘다고 규정짓지 않는 시간을 별도로 갖자.

'판단하지 않기'의 의미를 어린아이에게 전달하기란 쉽지 않다. "동생이 잘못했다고 하지 마"와 같은 단순한 말도 아이에게는 혼란을 줄 수 있다. 아이는 그런 말을 부모가 흔히 하는 질책으로 받아들일 여지가 많기 때문이다. 사실 "하지 마!" "그만 해!"

"아니야!"라는 말을 사용할 때마다 당신은 판단을 내리는 셈이다. 차라리 다른 아이의 좋은 점이나 사랑스러운 면을 찾아보는 것을 그날의 과제로 정하고 저녁식사 시간에 그 이야기를 나눠보라.

단, 이러한 활동이 간단한 게임 이상이 되어서는 안 된다. 제법 나이가 찬 아이들이라면 자신의 기분에 대해 스스로 책임지게 하는 데서부터 시작해야 한다. "엄마가 나를 열 받게 하셨잖아요!"와 "지금은 화가 나서 마음이 몹시 불편하니 이따가 얘기하면 좋겠어요"의 차이를 배우게 하라는 뜻이다.

그렇다고 해서 너무 몰아붙여서는 안 된다. 자기가 느끼는 감정에 대해 성숙하게 책임을 지는 것은 평생이 걸리는 과제이기 때문이다. 우리가 내뿜는 감성에는 강력한 힘이 있다. 하지만 아이에게 포용력과 인내심을 가르친다면, 사람들은 누구나 최선을 다하고 있으며 자기가 바라는 대로가 아니라 그들의 입장에서 보아야 한다는 믿음을 가르친다면, 첫 번째 순수 잠재력의 법칙은 충분히 전달한 것이다.

돌아보기

순수 잠재력의 법칙

우주만물이 흘러나오는 무한한 근원,
그것이 신이다.
신은 모든 아이의 일부이며,
모든 아이를 근원과 이어준다.

신은 모든 것을 창조한다.
그러니 삶에서 모든 것이 가능하다고 믿도록
아이를 격려하라.

누구나 자신의 내면에서
신의 씨앗을 찾을 수 있다.
그 씨앗에 물을 주고, 씨앗이 자라는 것을 볼 기회는
언제나 열려 있다.

아이가 자신을 작고 약하다고 느낄 때,
우리 모두가 우주의 자녀임을 일깨워주라.

일요일 ● 순수 잠재력의 날

The Day of Giving
"If you want to get something, give it."

월요일
Monday

베풂의 날

"무언가를 바란다면,
먼저 그걸 베풀어봐."

> 얻고자 하면, 먼저 주어야 한다.
> — 노자

　월요일의 주제는 다른 사람들에게 베풀 수 있는 여러 가지 방법들에 대한 것이다. 받지 않고 주는 일은 없으니 받는 일에도 주의를 기울임으로써 주고받는 순환을 완성하게 될 것이다. '베풀기'란 끊임없이 샘솟는 만물의 순환이며 움직임이다. 베푸는 가운데 씨앗이 자라고 풍성하게 열매를 맺는데 이것이 바로 창조다. 창조란 영감의 씨앗을 심고, 그 싹을 틔운다는 의미다.

　영적인 차원에서 볼 때, 성공은 자연의 섭리를 따르는 것에 달려 있다. 베풀기는 자연의 섭리 중에서도 가장 소중하다. 현대의 요기인 시바난다Shivananda도 "풍요의 비밀은 베풂에 있다"라고 했다. 사랑을 얻으려면 먼저 사랑을 줘야 하는 것과 마찬가지다.

'신은 언제나 사랑을 통해 모든 것을 베푼다'라는 말은 영원히 변하지 않는 진리다. 우리가 남에게 뭔가를 베푸는 것은 신이 모든 것을 베푼다는 진리를 우리가 온전히 이해하고 있음을 보여주는 행위다.

하지만 소유하고 쌓아두려는 욕구에 저항하기가 쉬운 일은 아니다. 소유하려 들고, 쌓아두려는 성향은 영적 법칙에 대한 무지에서 비롯된다. 대부분의 아이들은 베푸는 것을 좋아한다는 사실이 그 증거다. 만일 아이들이 베푸는 것에 인색해 한다면 그건 어른의 태도를 보고 영향을 받은 탓이다.

흔히 어른들은 "함께 나누는 걸 배워라. 착하게 굴고 동생에게도 좀 나눠줘야지. 착하게 살아야 복을 받는 법이야!"라고 입버릇처럼 말한다. 그러나 좀더 은밀하게 들여다보면 이 말은 자신의 내면에 감춰진 결핍에 대한 두려움과 소유한 채 내놓지 않으려는 에고의 욕구를 역설적으로 드러낸다. 이렇게 깊이 뿌리내린 신념이 베풀고 싶어 하는 영혼의 지혜를 좌절시키는 것이다. 그러므로 '베풂'이라는 영적 지혜를 이해하고 베푸는 것은 그저 물질적으로 베푸는 것보다 훨씬 중요하다.

아이와 함께하는 월요일

자녀가 아주 어리지 않다면 월요일은 대개 아이가 학교에 가는 날이다. 따라서 '베풂의 법칙'에 대해 이야기하는 것은 아침식사나 저녁식사 자리에서라야 가능하다. 아침식사 시간에는 그 날의 주제를 알려주고, 저녁시간에 하루 동안 어떤 부분을 해냈고 무엇을 배웠는지에 대해 서로 이야기를 나눠보자. 주중에 이루어지는 다른 법칙도 같은 방식으로 진행하면 무리가 없다. (단, 일요일에 했던 '침묵 명상'은 부모와 자녀가 함께 아침, 오후, 저녁 어느 때라도 좋으니 시간을 정해 날마다 하는 것을 원칙으로 삼았으면 좋겠다.)

월요일에 해야 할 세 가지 활동에는 '가족 구성원에게 베풀기, 감사한 마음으로 받기, 삶이 주는 선물에 감사를 표현하는 짧은 의식 치르기'가 있다.

1 가족 구성원에게 베풀기

가족 한 사람 한 사람에게 빠짐없이 뭔가를 베풀도록 하자. 그렇다고 거창하게 계획하거나 공이 많이 들어가는 선물을 준비할 필요는 없다. 가벼운 미소나 격려의 말 한마디 혹은 허드렛일 돕기처럼 쉽게 할 수 있는 간단한 것이면 충분하다. 가정의 분위기에 이미 '베풂'이 자리 잡혀 있다면 봉사하려는 욕구도 쉽게 지속될 것이다. 성공 또한 남에게 봉사하고자 하는 마음이 충만할 때 쉽게 도달할 수 있는 법이다.

어떤 가정에서는 아이에게 베풀고, 함께 나누고, 봉사하는 마음을 키워주는 게 어려운 숙제일 수도 있다. 하지만 용기를 내보자. 아이들은 태어날 때부터 베풀고 싶어 하는 욕구를 타고난다. 어떤 사람들은 너무나도 생각 없이 "아이들은 태어날 때부터 이기적이다"라는 말을 내뱉곤 하는데, 이는 불행한 일이다. 이기심은 자연의 섭리를 아직 정확히 이해하지 못하는 어린아이에게나 일시적으로 존재하기 때문이다. 어린아이는 장난감을 남에게 주면 그것을 영원히 잃는다고 느낀다. 그래서 사탕 하나라도 손에 잡으면 놓치지 않으려고 든다. 그 아이는 사탕이 손에 쥔 것 말고도 훨씬 많으며, 그 한 개도 나눌 수 있다는 걸 미처 깨닫지 못하기 때문이다.

나 역시 아이들을 키우면서 베풂이 무엇을 가져다주는지를 지켜볼 수 있었다. 누군가에게 베풀 수 있을 때마다 아이들의 얼굴은 환하게 밝아졌다. 뭔가를 되돌려 받을 것이라는 보상을 기대해서가 아니었다.

그런데 마음에 두려움이나 결핍, 자포자기, 탐욕이 자리 잡으면서 우리는 우주의 보답을 의심하기 시작한다. 그런 마음에서 벗어난다면 삶은 물질적으로도 비물질적으로도 무한하게 넘쳐 흐른다는 게 분명히 보일 텐데 말이다. 한번 생각해보자. 가령 우리의 생명을 지탱해주는 공기나 빗방울, 햇빛에 대해 값을 얼마나 매겨야 보답할 수 있겠는가?

베푸는 법을 잊어버린 사람들은 갓난아기 시절의 원초적인 두려움의 상태로 돌아간 것이다. 그들은 뭔가가 자기 손에서 떠나면 그것이 영원히 사라진다고 믿는다. 우주가 우리에게 내면적

의미를 체험하게 하기 위해서 끊임없이 뭔가를 준다는 사실을 잊어버린 것이다. 우리가 얻는 것 하나하나에는 영적인 교훈이 담겨 있다. 단순히 소유한다고 해서 만족이나 행복, 내면적 성취감을 얻지는 못한다.

아이와 베풂을 실천할 때는 그 느낌이 어떤지에 집중해야 한다. 그 느낌이 즐거우려면 주는 행위를 함께 나누는 행위로 여기게 해야 한다. 서너 살배기 아이라도 사탕을 두 개 갖고 있을 때 그 하나를 친구에게 주는 게 얼마나 기분 좋은 일인지 느낄 수 있다. 그보다 나이가 많은 아이라면 보다 추상적인 베풂을 가르칠 수도 있다. 예를 들면 미소로 인사를 보내거나 친절한 말 한 마디를 건네거나 궁지에 처한 사람을 돕는 일 등이 있다. 이런 베풂을 월요일의 목표로 정한 다음, 저녁식사 시간에 하루 동안 어떻게 실천했는지 서로 이야기를 나눠보자.

만약 자녀의 나이가 열두 살 이상이라면 월요일의 교훈에서 강조해야 할 지점을 다시 수정해야 한다. 아이는 조금씩 나이를 먹으면서 베푼다는 게 쉽지 않을 것이다. 남에게 주지 않으려 하거나 이기적으로 되려는 유혹을 강하게 받을 테지만 그래도 주는 법, 베푸는 법을 배울 때가 되었다. 자녀가 이 시기에 이르면 부모는 아이에게 분명히 말해줘야 한다. 꽉 움켜쥐고는 내놓지 않으려고 하는 것이 얼마나 가슴 아프게 하며 다른 사람들 눈에 이기적으로 보이는지 말이다. 이 시기의 아이들에게 적합한 가르침은 함께 내기를 하다가 졌어도 승자를 기꺼이 축하해주기, 소외된 사람들에게 친절하게 대하기, 도움을 줄 때는 생색내지 않고 조용히 도와주기 등이 있다.

2 감사하는 마음으로 받기

감사한 마음으로 받는 것은 거짓으로 꾸며낼 수 없는 기술이다. 주는 것이 받는 것보다 더 축복받은 일이라면, 받는 것은 주는 것보다 훨씬 어렵다고 말할 수도 있겠다. 우리는 다른 이의 도움이나 지원, 자선 따위는 필요 없다고 느끼는 자존심 때문에 혹은 왠지 모를 찜찜한 마음 때문에 받을 때 '감사하는 마음'을 잊어버리곤 한다. 그러나 이 모든 감정은 에고의 반응일 뿐이다. 주는 자가 결코 주는 자만이 아니며, 받는 자 또한 결코 받는 자만이 아니라는 점을 깨닫는다면 그런 태도를 가질 필요가 없다. 영적 지혜의 차원에서 보면 주는 자와 받는 자는 둘이 아닌 하나이기 때문이다.

우리가 매 순간 숨 쉬는 호흡조차도 신의 선물이다. 그런 깨달음의 눈으로 보자면 우리가 다른 이에게 받는 것 또한 신에게 받는 것의 다른 표현임을 알 수 있다. 우리가 받는 모든 선물은 신의 사랑을 대신하는 표현이므로 우리도 그 선물을 신의 사랑으로 받아들여야 한다.

아이들에게 이런 가르침이 그리 어렵게 느껴지지는 않을 것이다. 아이들은 받기를 좋아하며 뭔가를 받을 때 거리낌 없이 감사한 마음으로 얼굴이 환하게 밝아진다. 하지만 아동기에서 청소년기로 넘어갈 무렵이 되면 에고의 욕망들이 하나둘 일어나면서 무언가를 받을 때 감사하는 마음이 흐려진다.

어릴 적에 감사하는 마음이 들지 않는데도 부모님의 강요에 못 이겨 억지로 "감사합니다"라고 말한 적이 한번쯤은 있을 것이다. 감사는 억지로 시킨다고 되는 게 아니다. 아이에게 감사하는 마음을 갖도록 하고 싶다면 뭔가를 받았을 때 어떤 느낌이 드는지에 주의를 기울이게 하자. 어릴 때부터 자신의 느낌에 주의를 기울인다면 뭔가를 받을 때의 따뜻함과 행복감이 쉽게 수그러들지 않을 것이다. 나이가 많든 적든 감사함을 표현하려면 먼저 감사한 마음부터 느껴야 한다. 그런 감사한 마음은 모든 것이 우주의 근원에서 비롯됨을 이해할 때 생긴다. 우리는 누군가에게서 뭔가를 받을 때마다 그 순간 그 사람을 통해 신의 사랑을 잠깐이라도 일별一瞥하게 된다.

3 삶이 주는 선물에 감사를 표현하는 짧은 의식 치르기

온 가족이 함께 '감사 의식'을 치르는 일은 우리가 인생에서 얼마나 많은 선물을 받고 있는지에 대해 알아차릴 수 있는 좋은 방법이다. 저녁식사 시간에 비단 음식만이 아니라 그날 하루 동안 일어났던 모든 일들에 대해 서로 손을 맞잡고 감사를 표현해보자. 가족 한 사람 한 사람이 그날에 일어난 감사한 일에 대해 말

하는 것이다. 예를 들면 "집에 오는 길에 예쁜 나비를 본 것에 감사합니다" "우리 가족 모두가 건강하고 행복한 것에 감사합니다" "학교에서 연극을 할 수 있게 되어 감사합니다"와 같이 일상의 소소한 일들에 대해 감사함을 표현할 수 있다.

대부분의 가정에서 감사를 나누는 의식은 진부한 것이 되어버렸고, 심지어 추수감사절마저도 원래의 의미를 잃어버린 채 그냥 평범한 휴일이 되어버렸다. 이런 상황을 회복하려면 의식적인 노력과 자각이 필요하다. 온갖 잡념이나 세상사에 휩쓸려 살아간다 해도 우리가 깨어 있는 의식을 갖는다면 삶이 하나의 선물이라는 것을 새삼 깨닫게 될 것이다. 그리고 삶에 대한 기쁨과 더불어 영혼의 지혜가 당신에게로 되돌아올 것이다.

돌아보기

베풂의 법칙

좋은 것은 하나같이 돌고 돈다.
그것들은 한 자리에 붙들려 있기를 싫어한다.

대자연의 순환에서
주는 것은 받는 것을 낳고
받는 것은 다시 주는 것을 낳는다.

신이 주신 가장 큰 선물인
'성장 가능성'을
우리 모두는 이미 받았다.

우리가 누군가에게 베푸는 일은
만물의 근원에 대해
감사함을 표현하는 것이다.

우리는 기꺼이 줘야 가질 수 있다.

The Day of Karma
"When you make a choice, you change the future."

화요일
Tuesday

인과因果의 날

"네가 지금 내리는 선택에 따라
네 미래가 달라진단다."

> 당신이 받을 축복은
> 당신이 행하는 선한 행동을 통해 커진다.
> 틀림없는 사실이다.
>
> — 붓다

원래는 '카르마karma의 법칙'이지만 카르마라는 용어가 낯설기 때문에 보다 쉽게 의미가 통하는 '인과因果'라는 말로 대신하겠다. 선택에 대한 고민은 우리가 살아가는 내내 이어진다. 아이에게도 마찬가지다. "이것 대신 저걸 선택하면 어떨까?" "내가 왜 저걸 놔두고 이걸 선택했지?"와 같은 고민과 후회가 날마다 일어난다. 아이는 자신이 내리는 선택 하나하나가 좋거나 나쁜 결과를 낳는다는 것을, 바꾸어 말하면 자신이 내리는 선택 하나하나가 스스로의 미래를 변화시킨다는 것을 이해해야 한다.

일반적으로 '인과법칙'이라고 하면 좋은 일을 하면 상을 받고, 나쁜 짓을 저지르면 벌을 받는 것쯤으로 해석한다. 부모들도 대부분 인과법칙을 행동에 따른 보상과 처벌의 체계라고 해석할 뿐 정말로 중요한 점은 가르치지 않는다. 단적인 예로, 인과법칙이 자연 법칙에 따를 뿐이라는 점을 가르치지 않는다.

흔히들 "삶은 공평하지 않아!"라고 냉소적으로 말하지만 인과법칙으로 보면 진실은 정반대다. 삶은 전적으로 공평하다. 다만 삶의 섭리가 깊이 감춰져 있어서 때로는 결과를 한없이 거슬러 올라가 수없이 많은 차원을 지나서야 그 원인을 만나기도 한다. 그러니 각각의 행동이 어떤 결과를 가져올지를 판단하는 게 아니라 우주가 인과법칙에 따라 어떻게 움직이는지를 살펴보자. 그에 따른 적합한 행동 모델을 세울지 말지는 전적으로 각자의 자유다.

앞서 말했듯이 일곱 가지 영적 법칙은 '삶은 불평공하다'라는 세간의 통념을 정면으로 부정한다. 왜냐하면 우주의 인과법칙에는 어떤 불공평이나 우연, 희생도 없으며 모든 것이 한 치도 예외

없이 뿌린 대로 거두기 때문이다. 그렇다고 해서 인과법칙이 무슨 운명론 같은 것은 아니다. 인과법칙은 사람들이 고통을 받아야 한다고 단언하지 않는다. 오히려 '자유의지가 절대적'이라고 말한다. 그래서 우리가 잘못된 선택을 해도 신이 막아서지 않는 것이다. 다만 우리에게는 "뿌린 대로 거두리라"라는 섭리에서 벗어날 수 있는 탈출구가 없을 뿐이다.

이러한 인과법칙에는 '인식 과정'도 개입된다. 지금부터 선택의 과정을 주시하고, 결과를 평가하며, 가슴의 소리에 귀를 기울여보자. 가슴은 어떤 행위가 옳은지 그른지를 미묘한 감성적 신호로 알려준다. 이와 같은 요령을 아이들에게 알려주면 자라면서 올바른 선택을 해나가는 데 도움이 될 것이다. 성공을 위해서도 복잡한 상황 속에서 내리는 선택 하나하나가 모두 중요하다. 성공이란 우리가 낱낱의 행위를 통해 이루려는 바람직한 결과들의 총합이기 때문이다.

아이와 함께하는 화요일

화요일에 아이들과 함께 할 세 가지 활동은 선택에 관한 대화에 초점이 맞춰져 있다. '어떻게 선택할까? 선택은 우리의 삶을 어떻게 바꿀까? 선택하고 나서 어떤 결과를 기대할 수 있을까?'에 대해 서로 이야기해보자.

1 어떻게 선택할까?

오늘 아이가 했던 선택 가운데 한 가지를 골라 함께 이야기해보자. 선택의 범위에 제한을 둘 필요는 없다. 인간은 매 순간 선택의 갈림길에 놓여 있기 때문에 사례를 고르기가 어렵지는 않을 것이다. 아이들이 마음에 떠오르는 대로 말할 수 있도록 격려해주자. 새 친구를 사귀었다든지, 돈을 어디에 썼다든지, 옆집 아이와 노는 대신 앞집 아이와 놀기로 결심했다든지 어떤 것이라도 상관없다. 그리고 아이가 선택한 일이 어떤 결과로 이어지는

지에 대해 아이와 함께 관찰하고 탐구해보자. 이때 부모가 딱딱하고 융통성 없는 규칙을 세우려고 들면 토론을 자연스럽게 진행할 수 없다. 아이가 자신의 생각과 느낌을 있는 그대로 이야기할 수 있게 분위기를 만들어주자. 편안하게 이야기하다 보면 원인과 결과, 씨뿌리기와 거두기의 정교한 법칙을 자연스럽게 가르칠 수 있을 것이다.

아이가 자신이 했던 선택을 이야기하면 부모는 "선택을 할 때 어떤 느낌이 들었어?" "앞으로 어떻게 될 것 같아?" "생각처럼 되지 않으면 어떻게 할 거야?"와 같은 질문을 부드럽게 던져서 좀더 깊이 파고들어 가보자. 선택은 전적으로 아이 자신의 몫이다. 부모 입장에서는 친구나 놀이, 취미, 학교 공부 등에 대한 아이의 선택에 영향력을 행사하고 싶은 유혹을 참을 수 없겠지만, 그 영향력의 범위는 감수성을 키워주고 스스로 선택의 과정을 깨닫게 하는 정도에서 그쳐야 한다.

 대부분의 어린아이는 뭔가를 선택하는 일에 미숙하다. 대충대충 아무렇게나 선택하는 경우가 많다. 일단 말을 시작하게 되면 유아는 "내가 할 거야!" "나도 할래!"와 같은 말을 입에 달고 산다. 이런 말들은 자기 의지의 선언이며, 의지는 선택을 불러온다. 시간이 지나서야 아이는 자신의 선택이 낳은 결과를 이해하게 된다. 에고는 자기 방식대로 해야 직성이 풀리는 특성이 있다. 만약 그릇된 행동을 하는데도 부정적인 결과가 생기지 않는다면, 에고는 우리 삶의 절대적인 지배자로 군림하게 될 것이다. 인과법칙이 우리에게 주는 교훈이다. 인과법칙은 원하는 것과 좋다고 느끼는 것을 잘 분별하라고 우리를 끊임없이 가르친다.

선택의 상황은 아이들의 생활에서 늘 자연스럽게 일어나는 일이다. 아이들은 자기가 얻을 수 있는 것보다 더 많은 것을 원한다. 그럴 때 부모는 선택이 끝도 없이 제멋대로 요구하는 게 아니라는 것을 보여줘야 한다.

우주는 선택이 이루어지는 내면의 깊이에 따라 선택에 귀를 기울인다. 예를 들면 사랑과 진실에서 비롯된 선택이라면 인과가 심오한 차원에서 작용해 좋은 보답을 받겠지만, 이기적인 의도에 뿌리를 둔 선택이라면 인과가 얕은 차원에서 작용하기 때문에 거의 보답을 받지 못한다.

 선택에 관한 격언 중에 "모든 선행은 그 자체가 보상이다"라는 말도 있지만 이 경구가 그리 유용할 것 같지는 않다. 왜냐하면 이 말은 우주가 무관심하거나 맹목적이라는 뜻을 내포하고 있기 때문이다. 자연 법칙에는 뭔가를 행하면 반드시 그 결과가 따른다. 그래서 영적 지혜를 갖춘 스승들은 신이나 영혼이 선행에 반드시 보답한다고 확언한다. 보상받지 않는 채로 끝나는 것도, 한 방향으로만 이루어지는 것도 없기 때문이다.

 게다가 자연의 인과법칙은 우리가 투입한 노력에 은총까지 덧붙여 되돌려주는 정산 시스템을 가졌다. 우리가 신처럼 전지전능한 시각으로 세상을 볼 수 있다면 사람들이 흔히 '부정적'이라고 부르는 결과까지도 흔쾌히 받아들이게 될 것이다. 왜냐하면 겉보기에는 그저 부정적인 결과로 보이는 일도 실상은 현실로 나타날 수 있는 최선의 결과이기 때문이다.

 모든 행위가 가능한 범위 안에서 최선의 결과로 이어진다는 사실은 하나의 법칙이다. 우리는 그것을 은총이라고 부른다. 은총은 신의 사랑이 녹아 있는 시공時空의 조합이다. 우리는 무엇이든 할 수 있는 자유의지를 지니는 은총을 받았다. 그 행위의 결과가 즐겁든 불쾌하든, 자신의 선택으로부터 배울 수 있는 완벽한 시각에 결과라는 이름으로 우리에게 되돌아온다. 바꾸어 말하면, 우리에게 일어나는 모든 일에는 우리를 행복으로 이끌어 주려는 신의 사랑이 깃들어 있다.

그러므로 행위의 결과로 즐거움이 오든 고통이 오든, 그것이 행위의 옳고 그름을 판별하는 절대적인 기준이 아니라는 사실을 아이들은 배워야 한다. 인과법칙이 어떻게 작용하는지를 살펴봄으로써 아이는 온갖 차원으로 '배우는 과정 그 자체가 삶'이라는 진실을 조금씩 알아차리게 된다. 우리는 흔히 어떤 행위의 결과가 즐거움을 가져오는지 고통을 가져오는지에 따라 행위의 선악을 판단하지만 실은 거기에 더 복잡한 요소들이 개입된 경우가 많다.

2 선택이 우리의 삶을 어떻게 바꿀까?

아이가 좀더 자라거든 부모의 삶에 크게 영향을 주었던 선택에 대해 이야기해주면 좋다. 아이는 본능적으로 삶이 탐구라는 것을 안다. 자신이 내리는 선택 하나하나에 미래가 달려 있다는 점은 배워야겠지만 어른들이 중요한 선택들을 많이 해왔다는 것을 아이들도 직관적으로 이해한다.

아이에게 당신이 내렸던 선택에 대해 이야기해줄 때는 후회하는 어투로 말해서는 안 된다. "나는 이렇게 잘못했어. 그래서 네가 똑같은 실수를 저지르지 못하게 할 거야"라는 식으로 말하지 마라. 의도는 좋지만 아이는 모든 것을 시험해보고 싶어 할 것이다. 그것은 피할 수 없다.

명심할 것이 한 가지 더 있다. 부모들은 흔히 자신의 아이가 기왕이면 크고 대단한 것을 선택하기를 바란다. 하지만 아이의 능력이 따라주지 않으면 그 대단한 선택은 감당할 수 없는 벅찬 짐이 되고 만다. 부모의 욕심이 아이의 영혼을 짓누르지 않도록 하자.

3 선택하고 나면 어떤 결과를 기대할 수 있을까?

이런저런 선택을 내릴 때의 느낌에 대해 아이들과 이야기를 나눠보자. 유년기는 선택의 결과와 선택할 때의 기분 중에서 무엇이 더 중요한지를 처음으로 결정하는 시기다. 그러므로 아이와 대화를 나눌 때는 아이가 편안하게 답할 수 있도록 다정한 태도로 대해야 한다. 다음의 예를 참고하라.

- 너는 체력이 약한 친구를 팀에서 빼자고 해서 경기에서 이겼지? 그 애를 볼 때 기분이 어땠어? 또 그 애는 기분이 어땠을까?

- 친구들이 수업을 빼먹자고 한 걸 나한테 얘기한 게 마음에 걸리지는 않니? 고자질을 한 것처럼 느껴진다고? 하지만 네가 있어야 할 곳에 있지 않으면 기분이 어떨까?

- 넌 엄마랑 약속을 해놓고도 방을 정돈하지 않았어. 뭔가 느껴지는 게 없니?

좋은 선택을 하려면 그 선택을 할 때 어떤 느낌이 드는지가 중요하다. 합리적 이유에서 '이 일은 하고 저 일은 안 한다'는 태도는 생각보다 별 도움이 되지 않는다. 영적 지혜의 차원에서 보자면 직관이 이성보다 더 민감한 능력이기 때문이다. 어떤 사건의 원인과 결과를 평가하는 행위는 이성적이라기보다는 감성적인 일이다. 무엇이 옳은지 그른지를 알 수 없어서 '의심의 회색지대'에 빠져 있을 때 우리에게 답을 해주는 것은 '가슴(heart)'이다.

아이가 어렸을 때부터 뭔가를 잘못하고 있을 때는 기분이 나빠진다는 것을 알아차리도록 가르치자. 그래야 그 아이가 좀 더 자랐을 때 '양심'의 개념을 일러줄 수 있고, 열두 살 무렵이 되면 선택과 결과가 어떻게 밀접하게 연관되어 있는지 같은 좀더 추상적인 이야기도 나눌 수 있다. 단순히 "잘못했으니 대가를 치러야 해!"라고 가르치라는 말이 아니다. 우리가 늘 신의 감시와 위협 속에서 산다고 가르쳐서는 안 될 말이다. 신은 결코 위협하지 않기 때문이다. 살면서 종종 부정적인 결과들을 날벼락처럼 경험한다고 느끼는 유일한 이유는 우리가 자연의 심오한 차원과 닿아 있지 않기 때문이다.

  우리는 무지하기 때문에 영적 법칙을 어기고도 그것을 알아차리지 못한다. 또 대개는 인과법칙의 핵심적인 가치를 간과한 채 살아간다. 결과지향적인 사회에 살고 있는 우리는, 자신은 물론이고 다른 사람에게 해를 끼치면서 성공한 사람들에게도 찬사와 명성이 돌아가는 상황을 자주 목격하기 때문이다.

성공과 연관이 큰 '감성지능'이라는 개념에 대해 생각해보자. 감성지능은 공감하는 능력에 초점을 맞추며 내가 한 행위가 다른 사람에게 어떤 영향을 미치는지에 대해 관심을 갖게 한다. 감성지능은 우리가 어떤 행위를 할 때, 다른 사람들이 어떻게 느낄지를 한 발 앞서 느끼게 하기 때문이다.

  다른 사람을 행복하게 하겠다는 생각을 밑바탕에 깔고 선택을 하는 사람들은 그냥 이기적인 선택을 하는 사람들보다 더 큰 성공을 거두곤 한다. 물질주의적인 세상에서 그런 일이 일어난다는 것이 의아할 수도 있지만 인과법칙에 비추어보면 너무나 당연한 결과다. 아이에게 "네가 그 선택을 할 때 어떤 느낌이 들었니?"라고 물어보고 "네가 그 선택을 할 때 다른 사람의 기분은 어땠을까?"라고 다시 물어보자. 이런 과정은 아이의 감성지능을 키우고, 아이가 좋은 인간관계를 형성할 수 있게 하는 밑거름이 된다.

 감성지능에서 가장 중요한 부분 중의 하나는 눈앞의 욕망을 참고 그 욕망을 나중으로 늦추는 법을 배우는 것이다. 인내심을 가지고 욕구를 조절하면서 보다 나은 결과를 추구하는 법을 터득한 아이들은 욕구를 즉시 충족시키는 습관을 들인 아이들보다 훨씬 성공적인 인생을 살게 된다. 특히 대인관계에서 명백하게 드러난다. 타인에게 즉각적으로 반응하기에 앞서 상대의 기분을 살피려고 노력하는 것이 공감의 첫걸음이며, 남의 감정을 헤아리는 공감능력 없이는 지속적인 인간관계가 불가능하기 때문이다.

영적인 관점에서 볼 때, 감성지능은 '에고의 경계'라는 매우 중요한 문제와 결부되어 있다. 만일 당신이 다른 사람들과 단절되어 고립된 시공간 속에 존재한다고 느낀다면, 자신의 충동 이외에 다른 어떤 지침도 따르지 않고 살 수 있다. 하지만 에고가 진정한 자신이 아니며 진정한 나(眞我)는 삼라만상에 광범위하게 스며들어 있다고 느낀다면, 개인적인 이기심에서 벗어나 다른 사람에게 공감하며 도울 수 있는 여유가 생긴다. 궁극적인 차원에서 당신은 '나'와 '너'가 하나임을 이해했기 때문이다.

그렇게 되면 당신이 하는 행위들은 더 이상 '나의 욕구'에만 국한되지 않는다. 행위의 결과를 따져볼 때도 '나'에게 무슨 일이 일어나는지에만 한정하지 않는다. 세상에는 모든 사람을 포괄하는 총체적인 흐름, 즉 신의 섭리가 있다. 아이에게 그 흐름을 잘 살펴보도록 가르치자. 세포 하나하나가 몸 전체와 조화를 이루듯 한 사람의 삶이 전 우주와 조화를 이루는 것을 이해하게 하는 것은 이루 말할 수 없이 소중하다. 감성지능의 교훈은 정서적 차원을 넘어 모든 행위와 반응의 영역에까지 확대할 수 있다.

실제적인 지도 요령은 다음과 같다. 아이에게서 일어나는 즉각적인 반응을 관찰한 후 "이런 반응이 이 상황에서 네가 할 수 있는 전부일까?"라고 물어보자. 모든 상황에는 당장 눈에 보이는 것 이상의 차원이 내포되어 있음을 깨우쳐줘야 한다. 다른 사람이라면 같은 상황을 어떻게 볼지 생각해볼 수 있게 이끌어주는 것도 좋다.

예를 들어, 아이가 게임에서 이겼을 때 진 아이의 기분이 어떨 것 같은지 물어볼 수 있다. 또 다른 사람이 아이의 기분을 상하게 했다면 그 사람이 왜 그렇게 했다고 생각하는지를 물어볼 수도 있다. 다른 사람의 입장이 되어보아야 진정으로 공감할 수 있다는 것을 가르쳐주자. 이런 식으로 인과법칙이 어떻게 전개되는지 그 과정을 관찰하도록 이끌어줄 때, 아이에게 인과법칙은 매우 실제적이고 구체적으로 다가갈 것이다.

돌아보기

인과의 법칙

이 우주에 갚지 않아도 되는 빚은 없다.

잃어버린 것에 대해 슬퍼하지 마라.
잃을 수 있는 것은 실체가 아니니
그것이 사라지고 나면
실체가 남는다.

자신에게 사랑과 행복을 끌어오려면
다른 사람에게 사랑과 행복을 주기 위해
당신이 할 수 있는 일을 하라.

좋은 일이든 나쁜 일이든
당장에 결과가 보이지 않더라도
인내심을 가지고 지켜보라.

The Day of Least Effort
"Don't say no – go with the flow."

최소 노력의 날

**"거부하지 말고
흘러가는 대로 따라가 보렴."**

자신의 운명에 협조하라.
운명을 거스르지도, 가로막지도 마라.
저절로 이루어지게 하라.

— 니사르가다타 마하라지 Nisargadatta Maharaj

"흘러가는 대로 따라가라"라는 단순한 문구에 사실 대단히 중요한 영적 지혜가 들어 있다. 고대 그리스 철학자인 헤라클레이토스는 "삶은 흐르는 강물과도 같아서 같은 곳에 발을 두 번 담글 수 없다"라고 일갈했다. 이 말처럼 인생은 늘 새롭다. 그런데도 우리는 낡은 반응을 하려고 들 때가 많다. 상황이 달라졌는데도 무언가에 대한 두려움이나 집착에 사로잡혀 낡은 신념이나 습관을 그대로 적용하려고 애쓰는 상황이 자주 벌어진다.

'최소 노력의 법칙'은 삶에 저항하기보다는 있는 그대로 펼쳐지게 함으로써 삶의 새로움을 인식하게 만드는 지혜다. 최소 노력의 법칙은 이 순간에 현존하고, 자연에 도움을 청하며, 어떤 대상도 비난하지 말라고 가르친다. 우주만물에 작용하는 영적 지혜는 세포 하나하나의 생장과정에서부터 우주의 복잡한 진화에 이르기까지 헤아릴 수 없을 만큼 많은 작용들을 관장한다. 그러기에 이런 영적 지혜와 연결되면 우리는 범우주적인 조직력에 몸을 맡기고 이를 활용할 수 있다.

그러나 많은 어른들은 최소 노력의 법칙이 무엇인지를 이해하는 데 난감해한다. 인류는 오랜 세월 동안 기술 문명을 통해 끊임없이 더 효율적인 기계를 개발해 노동을 절감하는 방법을 찾아왔지만 막상 삶에 적용하려니 쉽지 않은 것이다. 가장 큰 장애는 '더 많이 일할수록 더 많이 보상받는다'라는 직업윤리다.

  그 직업윤리에는 두 가지의 치명적인 한계가 있는데 첫째, 자연은 최소 노력의 법칙을 통해 작용한다는 점이다. 전자의 회전에서부터 은하계 운동에 이르기까지 모든 물리 법칙은 가장 효율적인 에너지 소비로 가장 적은 움직임을 통해 작용한다. 둘째, 인간의 진보는 언제나 생각이나 영감, 욕구에서 출발한다. 이것은 저절로 생겨나는 것이지 엄청난 노력을 기울여서 만들어내는 게 아니다. 영감이나 욕구, 아이디어를 모두 억지로 짜낼 수는 없는 노릇이다.

흘러가는 대로 따르는 일이 어른들에게는 힘든 반면에 아이들에게는 매우 자연스럽다. 여섯 살 이전의 아이에게는 굳이 이 법칙을 힘들여 가르칠 필요조차 없다. 왜냐하면 어린아이들은 본능적으로 저항이 가장 적은 방식을 선택하기 때문이다. 아이들은 자신이 원하는 것에 손을 뻗치고, 하고 싶은 말을 하고, 그때그때 일어나는 감정을 표현한다. 아이들의 주요 활동은 일이 아니라 놀이다.

하지만 그 아이가 더 자라면 삶에 저항하지 않기, 방어벽을 세우지 않기, 선택한 결과에 대해 책임지기처럼 서로 연관된 지혜를 가르치기 시작해야 한다. 이때 아이는 반드시 수용하는 태도를 배워야 한다. 삶에 저항할 때마다 엄청난 헛수고를 하게 되기 때문이다. 다가오는 삶의 흐름을 방어하지 않는 것이 수용하는 태도다. 자신의 관점을 지키려고 방어하는 데서 갈등과 혼란이 일어나며 이는 엄청난 에너지의 소모로 이어진다.

자신만의 방식을 고수하려는 유혹에서 자유로운 사람은 거의 없다. 그러나 최소 노력의 법칙은 우리가 싸우거나 갈등하지 않아도 자신만의 방식대로 살아갈 수 있음을 가르쳐준다. 영혼의 무한한 조직력이 우리의 소망을 채워줄 것을 충분히 이해한다면 우리는 영혼의 흐름을 따라갈 수 있다.

최소 노력의 법칙은 우리에게 신뢰와 인내를 가져다준다. 우리는 치열하게 경쟁하고 고군분투해야만 성공에 이를 수 있다고 배웠지만 사실은 자신의 욕구를 신뢰하는 것이 훨씬 더 중요하다. 다른 사람들이 당신의 바람이 이루어지는 것을 방해하기 위해서 존재한다고 여긴다면 당신은 끊임없이 자신을 방어할 수밖에 없다. 소망을 이루어주는 초월적인 힘은 다른 사람들의 행위에 따라 좌우되는 게 아니라 그 너머에 있음을 아이에게 가르쳐주는 것이 중요하다.

"성공이나 만족은 자기 내면에서 비롯되며
오로지 내면의 문제다."

최소 노력의 법칙에서 또 중요한 것이 '책임감'이다. 자신이 어떻게 느끼고, 무엇을 바라며, 삶의 도전에 어떻게 다가갈 것인지에 대해 우리는 각자 스스로 책임을 져야 한다. 최상의 책임감은 그저 단순히 일을 많이 하는 것이 아니라, 기쁘고 창조적인 태도로 영적 지혜에 따라 일하는 것이다. 이것이 분투하지 않고도 삶을 꽃피우게 하는 유일한 길이다.

아이와 함께하는 수요일

수요일에 아이와 함께 할 세 가지 활동은 '일을 놀이처럼 즐기기, 불필요한 일을 줄이기, 자연이 우리를 돕는 방법을 찾아보기'다.

1 일을 놀이처럼 즐기기

인도의 고대 경전인 《베다Vedas》는 온 우주가 릴라lila, 즉 신들의 놀이라고 말한다. 우주가 놀이터라는 말이다. 오늘 한 가지 일에서라도 놀이의 재미를 찾아낸다면 아이에게 일에 접근하는 신성한 방법을 가르쳐주는 것이다. 부모는 일을 놀이로 여기는 것을 방해하는 요소를 제거함으로써 자녀가 일을 놀이로 받아들이게끔 할 수 있다. 일이 놀이가 되지 못하게 만드는 요소에는 경고, 협박, 핀잔, 재촉, 조건부 보상 등이 있다.

대부분의 사람들은 '일이란 힘들고 고된 의무'라는 통념에 찌

들어 살아간다. 하지만 일에 관한 영적 진실은 분명히 존재한다.

- 영혼은 일이 이루어지지 않았다고 비난하지 않는다.
- 삶은 어떤 일을 해내고 못 해내는 것으로 결정되지 않는다.
- 일이 행복의 근원은 아니다.
- 일 자체보다 일에 대한 태도가 우선이다.

그러므로 당신이 끝까지 여유와 편안함을 느끼면서 해낸 일은 그 자체로 잘된 일이다. 이런 관점과 정반대의 태도가 '완벽주의'다. 완벽주의는 두려움과 통제에 뿌리를 두고 있다. 완벽주의에는 "신이 원하는 대로 정확하게 이 일을 해내지 못하면 나는 살아남지 못할 것이다"라는 숨은 감정이 깃들어 있다. 또한 신은 자신을 비난하는, 애정이 없는 작업 감독관이라는 관점이 내포되어 있다.

사실 신은 당신이 우주라는 놀이터에서 마음껏 즐기기를 바란다. 그런 태도를 자녀에게 빨리 가르칠수록 당신 아이에게 성공할 수 있는 기회를 더 많이 주는 것이다. 자신의 일을 즐기는 사람이 성공한다는 것은 너무도 당연한 일이다. 일을 즐긴다는 것은 그 일의 '가장 편안한 흐름'으로 가는 길을 발견했다는 걸 의미한다. 즐길 수 있는 여유는 우리의 내면을 확장시켜 우리 안에 있는 영감과 즐거움의 원천을 표출할 수 있게 해준다.

이러한 사실을 깨달았다면 부모가 먼저 방청소나 잔디 깎기, 설거지하기 등 어떤 일이든 놀이처럼 신나게 하는 모습을 자녀에게 보여주자. 쓰레기를 버리면서 노래를 흥얼거리거나 설거지하면서 시를 쓸 수도 있다.

아이와 함께 일을 놀이처럼 즐기려면 조금은 창의성을 발휘하는 게 좋다. "자, 오늘은 진공청소기를 돌릴 건데 그냥 평범하게 청소기를 돌리는 게 아니라 유령 찾기 놀이를 할 거야. 유령은 진공청소기가 닿기만 하면 깜짝 놀라 도망간대. 몰랐지? 유령은 진공청소기를 아주 싫어하거든." 이런 말로 시작해서 아이들 중 하나가 유령이 되게 한다. 유령이 숨은 뒤, 다른 아이는 진공청소기로 침대 밑, 옷장, 소파 등을 청소하면서 유령을 찾는 것이다. 유령을 찾아내면 장소를 바꾸어 다른 아이가 유령 역을 맡게 하는 식으로 놀이를 이어가면 된다. 아이가 한 명뿐이라면 종이로 유령을 만들어 숨긴 다음 찾아내게 하거나 종이 유령을 다섯 개쯤 만들어 곳곳에 숨긴 다음 네 개 이상을 찾으면 상을 주는 식으로 놀이 규칙을 바꾸면 된다.

인생이란 우주의 신성한 놀이다. 놀이처럼 삶에 다가가는 것이 삶을 살아나가는 합당한 태도지만 우리들 대부분은 그 사실을 잊어버린 채 살아간다. 일을 놀이처럼 만드는 것은 그런 삶의 태도를 바꾸기에 아주 좋은 방법이다. 그러려면 부모가 자신의 일을 놀이처럼 즐기고 일의 핵심이 즐거움이라는 것을 알아야 한다.

 우선은 당신이 즐기는 모습을 아이에게 보여주자. 만일 일이 재미없어지거나 놀이처럼 즐기지 못하게 된다면 일단 그 일을 멈추자. 일을 잘 해내는 것도 좋지만, 피곤함을 무릅쓰고 고군분투하며 압박감 속에서 일을 억지로 진행하지는 말자. 가까스로 그 일을 해낸다고 해도 부정적인 영향을 미쳐 일의 성과가 흐려질 것이다.

2 불필요한 일 줄이기

온 가족이 모여 불필요한 노력이나 긴장, 소모적인 일을 줄이는 방법에 대해 이야기하는 시간을 마련하자. 그리고 저녁식사 시간에는 어떤 해결책이 나타나서 생각보다 일이 쉽게 풀렸던 경험에 대해 서로 이야기를 나눠보자.

세상 곳곳에서 무차별적으로 쏟아지는 '삶은 문제투성이'라는 부정적인 관념의 뇌관을 제거하기 위해서는 생각을 바꿔야 한다. 영적인 지혜의 눈으로 보면 삶이 문제가 아니라 우리의 태도가 문제일 뿐이다. 아이들은 하루에도 수십 번씩 삶에 대해 힘들다, 어렵다, 전쟁 같다, 버겁다, 지겹다와 같은 이야기를 듣는다. 초등학교 고학년만 되어도 아이들은 이미 '삶은 문제투성이'라는 관념에 찌들어 장차 자신이 행복해질 수 있을지에 대해 불안해 하며 스트레스 속에서 살아간다.

기술적인 문제를 해결하기 위해 고성능 컴퓨터를 도입하는 것처럼 우리는 엄청난 양의 노동을 줄이기 위해 때때로 기계의 힘을 빌린다. 그러나 정작 필요한 것은 태도의 전환일 때가 많다. 세상에 영적 지혜를 활용하는 것보다 더 능률적인 일은 없다. 영혼을 일깨우면 세상 그 어떤 환경에서도 성공할 가능성이 높아진다. 영혼은 창조력으로 가득 차 있다. 라틴어 'genius'가 천재 외에 '영혼(spirit)'이라는 의미를 가지는 것도 바로 이 때문이다.

영혼을 일깨우는 실행 방법은 다음과 같다.

- 기분 좋게 일하기
- 여유 있는 자신감으로 업무를 대하기
- 육체적 긴장을 주거나 과도한 요구를 하지 않기(예 : 밤늦게까지 일하지 않기, 연장 근무 하지 않기, 휴식시간 지키기, 식사를 거르고 일하지 않기, 카페인 음료 많이 마시지 않기)
- 규칙적으로 명상하기
- 영감을 떠올리기(영감이 올 때까지 침착하게 기다리기)
- 달라지는 상황에 저항하지 않기
- 자기 방식만 고집하며 일하지 않기
- 어떻게 될지 뻔하다며 지레짐작하지 않기

이러한 습관들이 아이의 몸에 밸 수 있도록 저녁식사 자리에서 위의 항목들을 되새겨 보자.

3 자연이 우리를 돕는 방법을 찾아보기

영혼 또는 우주는 우리를 아주 은밀하고 조용하게 돕기 때문에 대개는 우리가 미처 눈치채지 못하는 사이에 일이 이루어진다. 그러니 가능한 한 아이가 우주의 손길을 일찍 알아차릴 수 있게 도와주자. "오늘 새로운 생각이 떠올랐니?" "힘들 것 같았는데 막상 일을 해보니까 너무 쉽게 풀려서 놀랐지?" 이런 질문들로 시작해서 부모가 직접 경험한 일을 예로 들어 이야기해주자. 또 아무리 사소해 보일지라도 영감을 주는 창조적인 해결책이 중요하다는 사실을 이야기해줘야 한다. 아이가 아주 어릴 때부터 영감을 느낄 수 있도록 생각의 물꼬를 터주면 몇 년 지나지 않아 아이도 자연스럽게 영적인 지혜에 접근할 수 있다.

돌아보기

최소 노력의 법칙

삶을 조직화하는 데 모든 노력을 기울여라.
그리고 최후의 조직자組織者는 자연임을 기억하라.

흐르는 물의 방향을 돌리려고 애쓰지 마라.

자연이 가장 생산적이고 창조적일 때,
자연은 일하지 않는다.
자연은 놀이를 즐길 뿐이다.

가장 훌륭하게 이루어진 일은
물이 흐르듯 노력하지 않아도 쉽게 이루어진다.

삶에 저항하면 결국 성공하지 못한다.

영혼의 지혜가 주는 선물이 당신에게 이르도록 허용하라.

The Day of Intention and Desire
"Every time you wish or want, you plant a seed."

목요일
Thursday

관심과 소망의 날

"뭔가를 바라고 관심을 기울이는 것 자체가
'소망의 씨앗'을 심는 일이란다."

뭔가를 가슴으로 바란다면
매우 주의 깊게 행동해야 한다.
당신은 그걸 확실히 갖게 될 것이므로.

— 랄프 왈도 에머슨Ralph Waldo Emerson

🌸 **성공의 핵심은** 소망을 이루는 것이다. 우리는 모두 어렸을 때부터 어떻게 하면 소망을 이룰 수 있는지에 대해 배운다. 그런데 소망에는 여러 가지 문제가 복잡하게 얽혀 있다. 당신이 그런 소망을 이룰 만한 사람인지, 실제로 얼마나 선량한지, 신이 당신이 성공하기를 바라는지 등의 문제가 얽혀 있다. 관련된 요소가 너무 많기 때문에 사실상 어떤 부모도 이에 대해 전부 설명할 수는 없다. 또 성공과 실패는 지극히 개인적인 체험으로, 내면 깊은 곳에서 자신을 실제로 어떤 사람이라고 생각하는지도 깊이 연관되어 있다.

모든 부모는 아이가 자라면서 맞이하게 될 숱한 성공과 실패의 체험들을 스스로 평가할 수 있도록 '자아 존중감(self-esteem)'이라는 튼튼한 초석을 놓아주고 싶어 한다. 영적 지혜의 차원에서 볼 때 욕망은 부정적인 게 아니다. 우리는 욕망을 이루기 위해 태어난 피조물이기 때문이다. 욕망이 없다면 우리는 굳이 성장을 원하지 않을 것이다. 인간이 아닌 다른 피조물들은 성장을 원할 필요가 없다. 그들에게 성장이라는 과정은 유전자에 각인된 차원에 불과하기 때문이다. 그러나 인간은 자신의 내면을 사랑, 평화 그리고 삶의 궁극적 목표인 힘의 근원을 향하여 성장시키고자 한다.

아이들은 욕망이 신에게 이르는 길이며, 그 길을 가는 데는 의도가 가장 중요한 수단이라는 것을 배워야 한다. 어떤 의도를 가지는지에 따라 자신이 얻을 것이 결정되기 때문이다. 모순처럼 들리겠지만 경이로운 미래를 바라면 바랄수록 미래에 대한 비전이 더욱 확고해야 한다. 미래에 대한 명확한 비전이 없다면 삶은 의례적이고 반복적인 것으로 퇴보하게 마련이다. 아울러 현재를 반복하기만 하는 미래는 결코 놀라움을 만들어낼 수 없다.

소망을 실현하는 과정은 마음처럼 즉각적일 수 없다. 우리는 그 과정을 배워야 한다. 우리가 삶에서 성공하지 못하는 주된 이유는 정신적 혼란 때문이다. 우리 자신이 원하는 소망들이 얼마나 서로 상충되는지 미처 알아차리지 못하기 때문에 자기도 모르는 사이에 앞뒤가 맞지 않는 메시지를 우주에 보내는 것이다.

예를 들어, 부유해지기를 바라는 동시에 어떤 책임도 감당하기 싫어하는 사람이 있다고 치자. 그는 우주라는 컴퓨터에 모순되는 소망을 입력하면서도 알아차리지 못한다. '부유해지고 싶다'와 '내 상황을 있는 그대로 보고 싶지 않다'라는 두 개의 모순되는 욕망이 공존하는 것이다. 이것을 깨닫지 못한 채 실패에 대한 원인을 외부 상황이나 남의 탓으로 돌리지만, 사실 우주는 그의 모순된 소망 하나하나에 대해 모두 응답해주었을 뿐이다. 소망이 흐리멍덩하거나 초점이 맞지 않거나 각각의 소망이 서로 상충될 때 이와 같은 일이 벌어진다.

따라서 자신이 정확히 무엇을 바라는지 인식하는 것은 소망을 이뤄가는 과정에서 가장 우선시해야 하는 일이다. 하지만 놀랍게도 많은 사람들이 이러한 원칙을 무시한다. 아이도 어른과 마찬가지로 스스로 깨닫지 못하는 수많은 욕망을 지니고 있다. 욕망은 언제나 처음부터 뚜렷하게 나타나지 않으며 독립적으로 나타나는 경우도 드물다. 욕망은 늘 환상, 꿈, 소원 등 다른 감정들과 제멋대로 뒤섞여 있다. 또한 욕망은 하나 뒤에 다른 하나가 겹쳐져서 끊임없이 물결치며 일어난다. 이루는 데 몇 년이 걸리는 거창한 야심과 단지 몇 시간이나 몇 분이면 이룰 수 있는 작은 욕망들이 동시에 꿈틀대며 우리 마음을 움직인다.

아이들이 자신의 욕망에 대해 구체적으로 알면 알수록 자신의 삶도 더 쉽게 체계화할 수 있다. 질서는 마음에서부터 비롯되기 때문이다.

아이와 함께하는 목요일

목요일에 자녀와 함께 할 세 가지 활동의 핵심은 욕망의 작용을 구체적으로 이해하는 것이다. 각자의 소망 목록을 가능한 한 구체적으로 작성해보자. 그런 다음 소망들을 우주를 향해 날려 보내자. 마지막으로 우주의 창조 에너지가 가져다줄 결과를 믿고, 어떤 일이 일어나는지 주의를 기울이며 지금 이 순간에 깨어 있으면 된다.

1 소망 목록 작성하기

가족 구성원 모두가 각자 다음 주에 이루어지기를 바라는 일들을 목록으로 만들어 냉장고에 붙이자. 소망 목록을 작성하는 일은 아이가 아홉 살이나 열 살 무렵이 되었을 때 시작하는 게 좋다. 이보다 어린 아이는 아직 마음의 작용을 제대로 이해하지 못하기 때문에 이런 활동을 산타클로스에게 받고 싶은 선물 목록을 적는 것쯤으로 받아들일 것이다.

아이에게 소망 목록 만들기를 가르칠 때, "이번 주에 가장 원하는 게 뭐야?" "엄마한테 가장 바라는 게 뭐야?" "학교에서 무슨 일이 생겼으면 좋겠니?"와 같이 자연스럽게 질문을 던져 유도하는 것이 좋다. 주의할 점은 그 목록이 새 자전거나 새 컴퓨터 게임기처럼 단순히 가지고 싶은 물건 목록이 되지 않도록 하는 것이다.

우주는 언제나 우리가 바라는 대로 결과를 가져다주고 뿌린 대로 열매를 맺게 한다는 점을 짚어주자. 우리의 관심이나 소망은 씨앗과 같아서 마치 씨앗이 싹을 틔우듯이 바라는 일이 일어난다. 물론 어떤 씨앗은 싹이 트는 데 긴 시간이 걸리기도 한다. 예를 들어, 피아노를 멋지게 연주하고 싶다는 영감을 받은 아이는 평생 자라날 씨앗을 심은 셈이다. 우리는 크고 작은 다양한 욕망을 추구하며 살아간다. 그러나 모든 욕망이 즉시 이루어지는 것은 아니다. 모든 욕망은 제각각 이루어지는 시기가 있으며 이루어지는 고유한 방식이 있다.

아이가 갈등이나 경쟁에서 벗어나 진정한 행복과 성취감을 추구하고, 물질적인 보상보다는 영적인 보상을 바라도록 격려하자. 특정한 분야에 소질이 보인다든지, 학교 성적이 좋다든지, 대인관계가 남달리 좋다든지, 낯가림이 없이 대범하다든지, 특정 과목이나 운동을 더 잘한다면 그러한 재능이 싹을 틔울 수 있도록 격려하자. 사소한 것이라도 아이에게서 가치 있는 면을 발견하거든 그 씨앗이 잘 자랄 수 있도록 북돋워주자.

나이가 아주 어린 아이의 경우에는 아직 소망 목록을 만들 준비가 되어 있지 않거나 소망을 실현시킬 구체적인 의지가 없을 수도 있다. 이런 경우에는 아이에게 다른 예를 들어서 '관심과 소망의 법칙'을 설명하는 것이 좋다.
  두 장의 젖은 솜 사이에 콩을 뿌려 '발아의 기적'을 보여주자. 그런 다음에는 싹이 튼 씨앗을 화분에 옮겨 심고, 그것을 키우려면 계속 물을 주고 보살펴야 한다고 아이에게 말해주자. 씨앗의 비유는 자연의 섭리를 직접적으로 보여줄 수 있기 때문에 나이가 많든 적든 상관없이 알려줄 수 있다.

2 소망을 우주로 보내기

소망을 우주로 보낸다는 개념을 아이들이 쉽게 이해하지 못할 수도 있다. 자신에게 필요한 모든 것은 부모에게서 나온다고 생각하는 아이의 경우에는 더욱 그렇다. 끊임없이 떼쓰고 졸라서 부모에게 뭔가를 얻어내고야 마는 아이들을 대해온 부모라면 아이에게 더 많은 것을 원하도록 가르친다는 생각에 질겁할지도 모르겠다. 하지만 '관심과 소망의 법칙'의 요점은 원하되 보다 효율적으로 원하는 것이고, 그러기 위해서 소망을 우주로 날려 보낸다. 많은 소망을 실현하려면 자신의 능력만으로는 부족하기 때문이다.

"성공은 모든 방향에서 온다."

이 사실을 알면 아이에게 인내심을 가지고 계속해서 소망을 포기하지 않는 법을 가르칠 수 있다. 일단 자신이 무엇을 원하는지를 명확히 알았다면 좀더 여유롭게 지내라는 것이다. 욕망의 간

절함이 적거나 사소하다면 저절로 수그러들겠지만 진지하고 뿌리 깊은 욕망이라면 그것이 이루어질 수 있도록 온 우주가 도와준다. 그리고 끊임없이 떠벌리거나 졸라대는 것보다 욕망을 가슴 깊이 간직하는 것이 훨씬 더 신속하게 이룰 수 있다는 점도 아이에게 일러주자.

3 지금 이 순간에 깨어 있기

우리가 살아가는 모든 순간이 소망이 실현되는 과정이다. 우리가 오래 전에 심었던 (그리고는 잊어버렸던) 씨앗이 제각각 결과를 가져오며, 그것은 장차 이루어질 보다 거시적인 결과의 토대가 되기도 한다. 요점은 우주가 (혹은 영혼이나 신이) 항상 우리의 소망에 귀를 기울이고 있음을 아이가 깨닫게 하는 것이다. 우리 가운데 어느 누구도 혼자가 아니다. 우주는 항상 우리를 주시하고 있다.

어떻게 하면 우주의 응답에 늘 깨어 있을 수 있을까? 가장 간단한 방법은 냉장고에 소망 목록을 붙이고 관심을 기울이는 것이다. 아이의 크고 작은 소망들이 일주일 동안 어떻게 이루어져 가는지 자주 물어보자. "오늘 좋은 일이 있었니?"처럼 대답을 쉽게 이끌어낼 수 있는 가벼운 질문을 던진 뒤, 대답이 아이의 소망 목록과 어떻게 들어맞는지를 짚어보자.

"지금 이 순간 깨어 있는 것이야말로
자신의 소망이 이루어지게 끊임없이 힘을 보태는 밑거름이다."

대개의 경우, 소망은 한꺼번에 이루어지지 않는다. 그것은 크고 작은 단계들로 나뉘어 서서히 이루어진다. 오랜 세월 심고 가꾼 소망인 경우에는 더더욱 그렇다. 따라서 매순간 깨어 있어야 소망의 결과를 제대로 음미할 수 있다.

  가장 단순한 예가 행복이다. 모든 사람은 행복을 바란다. 하지만 대부분은 행복이 크리스마스의 기적처럼 갑자기 실현되거나 동화의 마지막 장면처럼 기쁨이 폭죽처럼 터져서 영원히 지속되기를 바란다. 그러나 진정한 행복은 그렇지 않다. 의식이 깨어 있어야만 알아차릴 수 있는 '웰빙(well-being, 육체적 건강과 행복, 복지와

안녕, 물질적 부가 아닌 삶의 질)'의 상태다. 따라서 깨어 있지 않으면 자신이 행복하다는 사실을 알아차리지 못한 채 지나가거나 당신을 행복하게 (혹은 불행하게) 만들어주는 듯이 보이는 다른 사건에 휩쓸리고 만다. 지금 이 순간에 늘 깨어 있으라는 말은 특히 내면을 주시하라는 의미다. 외부세계에 매몰되어 욕망이 실현되기를 바라면 성취의 진정한 핵심은 놓쳐버리기 때문이다.

어린아이는 소망을 품고 나서 이루어질 때까지 인내심을 가지고 지속적으로 관심을 기울이지 못한다. 따라서 소망이 당장 이루어지지 않는다고 해서 떼를 쓰고 칭얼거리거나 괴로워할 필요가 없다는 것을 아이에게 가르쳐야 한다. 자녀의 소망에 부모가 끊임없이 관심을 기울임으로써 자연이나 신이 인간을 어떻게 보살피는지 비유적으로 보여줄 수 있다. 아이가 무엇을 바라는지 부모가 계속해서 귀를 기울였을 때 아이는 안정감을 느낀다. 이런 경험은 아이들이 세상을 신뢰하는 좋은 출발점이 될 수 있다.

아이들은 차츰 성장하면서 자신의 관심사를 보다 세밀하고 끈기 있게 지켜볼 수 있게 된다. 이런 아이에게는 소망이 샘솟는 곳은 가슴이므로 바깥세상에서 그 소망을 좇지 말라고 가르쳐주어야 한다. 인간이 무언가를 바라는 것은 자연스러운 일이다. 우리는 자신에게 가장 깊은 성취감을 안겨주는 것, 그리고 자신의 소질과 능력에 맞는 일에 이끌리게 되어 있다. 그러니 소망은 아이가 자기 내면의 목소리를 따라서 살 수 있게 인도하는 스승인 셈이다.

자녀가 초등학교 고학년이라면 수시로 "이게 정말로 네가 원하는 거니?"라는 질문을 던져볼 필요가 있다. 이 질문은 일생 동안 유효하다. 만일 그 대답이 긍정적이라면 그 다음 단계로 자신의 소망이 신을 만족시키기에 충분한지를 짚어볼 필요가 있다.

  소망이 순수하고 명확하며 영적 성장에 가장 이로울 때, 신의 의지는 인간의 의지에 동조한다. 그러니 아직 당신의 소망이 이루어지지 않았다면 이런 속성들 가운데 하나가 모자라거나 좀 더 시간이 필요할 뿐이다.

돌아보기

관심과 소망의 법칙

욕망은 신에게 이르는 길이니

스스로가 원하는 것들을 존중하라.

오늘 일어난 황당한 일은

어제 내가 관심을 기울인 데서 싹튼 것이다.

당신의 소망을 우주로 흘려보내야

영적인 힘이 그 소망을 이루어줄 수 있다.

소망이 구체적이고 명확하고 순수하다면

돌아오는 결과도 분명할 것이다.

The Day of Detachment
"Enjoy the journey."

초연함의 날

"삶을 여행하듯이 즐기렴."

> 모든 삶은 하나의 실험이다.
> 실험을 많이 할수록
> 우리는 더 나아진다.
>
> — 랄프 왈도 에머슨Ralph Waldo Emerson

"삶을 여행하듯이 즐기렴!"과 같은 긍정적인 인생관이 우리 사회에서 그리 보편적인 생각은 아니다. 단어의 어감이나 가치는 문화권에 따라 달라진다. '초연함(detachment)'이라는 단어가 좋은 예다. 일찍이 동양에서는 '초연함'이란 희로애락을 넘어서 행복에 도달하는 능력을 함축한 긍정적인 단어였다. 그러나 서양에서는 물질적인 목표에 강하게 집착하는 문화적 특성 탓에 초연함이란 단어를 들으면 냉담함이나 무관심처럼 부정적인 의미로 연상되는 측면이 많다.

물론 초연함에 대한 동양의 해석이 자칫하면 적극성이 결여된 태도로 퇴화하는 결과를 초래할 수도 있다. 하지만 이상적인 차원에서 초연함이란 무언가에 강하게 몰입하여 창조성을 발휘하면서도 결과에 연연하지는 않는다는 뜻을 지닌다. 행복을 위해서는 몰입과 창조성 둘 다 필요하다. 우리는 뭔가에 열정적으로 몰입하면서 자신이 지닌 창조성을 발휘할 때 비로소 행복감을 느끼기 때문이다.

그런데 강하게 몰입을 하면서도 결과에 연연하지 않을 수가 있을까? 초연함은 모든 결과가 '에고ego'가 아니라 '신(또는 자연, 우주, 영혼)'에 달려 있다고 인식할 때 가능하다. 현자賢者는 물질세계의 드라마에 집착하지 않는다. 빛과 어둠, 선과 악, 즐거움과 괴로움이 솟아나오는 근원에 집중할 뿐이다.

초연함은 현대사회에 만연한 물질주의적이고 결과지향적인 문화와 대립되기 때문에 쉽게 가르칠 수 있는 원리는 아니다. 먼저 초연함에 대한 다음의 오해부터 없애자.

- 나와 상관없다고 말하는 것은 초연함이 아니다.
- 자신의 책임인데도 책임을 부인하는 것은 초연함이 아니다.
- 다른 사람들의 욕구와 감정을 무시하는 것은 초연함이 아니다.

- 오로지 일등만 추구하는 것은 초연함이 아니다.

아이가 초연함을 연습하기 위해서는 이런 습관에서 벗어나는 훈련이 방법이 될 수 있다. 대부분의 사람들은 '나' 또는 '내 것'이라는 관념에 집착하며 살아간다. 하지만 내 물건, 내 직업, 내 의견, 내 자부심 등에 집착하는 것은 모두 두려움의 결과다. 외부세계를 두려워한 나머지 자신을 보호할 목적으로 모든 에너지를 끌어당겨 존재를 확고부동한 것으로 만들려는 에고의 전략이다.

그러나 자신의 존재를 에고로 국한시키는 행위는 우리를 영혼과 연결해주는 자유로운 의식의 확장을 방해한다. 이것은 흔히 자아(the self)와 참자아(眞我, the Self)의 차이로 설명할 수 있다. 자아는 자신이 바라보는 감각적인 현실에만 집착하는 '분리된 허상(에고)'인 반면에 참자아는 그 무엇에도 집착하지 않는 '자유로운 영혼(실체)'이다.

"초연함이란, 에고 대신에 참자아로 살아간다는 것을 의미한다."

유년기는 참자아에 대해 배워야 하는 결정적 시기다. 이 시기가 되면 에고가 단단해지고, 에고에 필요한 온갖 욕구와 두려움도 함께 자라나기 때문이다. 아이가 에고에 굴복하면 '나' 또는 '내 것'이라는 환상이 자리 잡게 된다. 성인이 되면 한번 자리 잡은 에고의 환상을 떨쳐내기가 더욱 괴롭고 힘들다.

 그러므로 '내가 단지 에고인 것은 아니다'라는 생각으로 에고를 누그러뜨리며 마음을 다스려야 한다. '나다움'(I-ness)은 모든 가능성의 장場과 하나라는 느낌, 즉 '우주적 자아'라는 차원으로 우리를 확장시킬 수 있다. 초연함을 가르치는 것은 아이가 우주의 춤(cosmic dance)을 추도록 이끌어주는 일이다.

> "초연함은 삶을 여행처럼 즐기게 한다.
> 인생을 즐기는 태도를 지니는 것은 성공에서 매우 중요하다."

여기서 '초연한 몰입'이라는 개념에 대해 좀더 이야기해보는 게 좋겠다. 초연한 몰입은 자신이 무슨 일을 하든 완전히 열정적으로 몰입하면서도 결과에 얽매이지 않는 태도를 의미한다. 자신이 한 행동에 대해 책임은 지되 결과는 영혼(신)의 뜻에 맡긴다는 것이다. 그러나 어린아이에게 이런 태도를 이해시키기는 쉽지 않다. 아이의 눈높이에서 보면 모순처럼 보이기 때문이다. 사람이 어떻게 완전히 몰입하면서 동시에 초연할 수 있다는 말인가?

그 대답은 '존재(Being)'의 영역에서만 가능하다. 당신이 스스로를 영적인 존재로 생각한다면 당신의 개인적인 행동은 보다 큰 우주의 섭리 안에 포함된다. '신의 신성한 계획(God's divine plan)'이라 불리는 위대한 섭리는 개인의 이성적 영역을 초월한다. 초연함은 결과를 신의 뜻에 맡긴다는 것을, 몰입은 우리가 신의 섭리에 참여하기를 바란다는 것을 보여준다. 따라서 초연한 몰입이 가능한 것은 신과 공동 창조자가 되는 것보다 더 큰 열정을 불러일으킬 수 있는 일이 없기 때문이다.

'불확실성의 지혜'도 초연함과 밀접하게 연관된 개념이다. 에고는 인생의 불확실성을 늘 두려워하는데, 그 이유는 항상 현실을 제멋대로 통제하려고 들기 때문이다. 그러나 영적인 지혜의 눈으로 관찰해보면 끊임없이 변화하는 우주는 항상 불확실한 상태일 수밖에 없다. 만일 세상이 확실성에 기반을 두고 움직인다면 어떠한 창조성도 출현할 수 없을 것이다. 영적인 원리는 뜻밖의 상황이나 경이로운 일을 통해 작용하기 때문이다.

언뜻 보기엔 삶이 불확실성으로 가득 차 있다는 얘기는, 만물이 원인과 결과를 따라 움직인다고 말하는 인과의 법칙과 모순되는 것처럼 보일 수도 있다. 그러나 인과의 법칙은 궁극적인 실체가 아닌 상대성의 차원에서 만물에 적용되는 방식일 뿐이다. 궁극적인 실체란 신성한 창조성의 현현顯現일 따름이다.

우주의 궁극적인 작동 원리는 '놀이'다. 우주는 신성한 놀이를 위해 존재한다. 이러한 이치를 더 깊이 깨달을수록 우리는 그 놀이에 더 많이 참여할 수 있고, 결과가 어떻게 될지 몰라 전전긍긍하는 마음에서도 벗어나게 된다. 불확실성의 지혜를 받아들일 때, 우리는 비로소 진정한 마음의 평화를 얻게 된다.

독일 물리학자인 하이젠베르크Heisenberg의 유명한 '불확정성의 원리'에서 확인할 수 있듯이, 우주가 불확실하기에 우리는 모든 것이 가능하다. 결과가 정해져 있다면 마음이야 편하겠지만 모든 것이 고정돼 있다면 그건 죽음과 다를 바 없다. 영성의 차원에서 죽음은 소멸이 아니라 단지 일시적으로 결빙結氷된 삶이며, 신의 섭리에 따라 다음 목적을 향해 흘러가는 대신에 잠시 한 곳에 머무는 에너지다. 삶을 온전히 이해하려면 매순간 무엇이든 일어날 수 있도록 열려 있는 동시에 모든 것이 일어나도록 예정되어 있다는 점을 깨달아야 한다. 또한 우리는 삶의 불확실성과 경이로움에 대해 계속해서 열린 마음을 가지고 살아가야 한다.

아이와 함께하는 금요일

금요일에 자녀와 함께 할 세 가지 활동은 세상을 보다 초연하게 바라보는 태도를 배우는 것이다. 아이에게 '진정한 나'는 영적 존재라는 것을 깨우쳐주고, 불확실성이란 삶의 불가피한 조건이므로 두려워하지 말고 받아들이게 하며, 뭔가를 얻거나 잃는 결과에 대해 너무 불안해하지 않도록 가르치자.

이런 영적 교훈들은 출발점일 뿐이다. 영적인 삶이 무르익으면 저절로 모든 차원에서 점점 초연해진다. 이타주의나 자비심은 초연함의 자연스러운 결과로, 이는 결국 다른 사람들에 대한 봉사로 이어진다. 또 자존심을 겸손함으로 승화시켜주는 것 역시 초연함이 주는 선물이다. 예수 그리스도가 말한 '세상에 있으되, 세상에 속하지 않음'이 바로 이러한 상태다. 나는 초연함에 대해 설명할 때 '초연함은 사람을 우주 시민으로 만든다'라는 말을 즐겨한다. 이 모든 것들이 금요일의 가르침 속에 담겨 있다.

1 '진정한 나'를 깨우치기

'진정한 나'라는 주제는 나이를 막론하고 매혹적인 이야깃거리다. 아이들은 마치 신비한 옛날이야기를 듣듯이 이 주제에 빠져든다. 아이들은 요람에서부터 신이나 천국, 수호천사, 요정의 이야기를 듣고 자란다. 그래서 동화가 상상의 이야기라는 걸 알면서도 한편으로는 현실세계보다 더 진짜처럼 받아들이는 경향이 있다. 이 점을 염두에 두고 아이들이 이해할 만한 방법으로 진정한 나에 대해 이야기해주자.

예를 들면, 어린아이들에게 들려주기에 적당한 다음의 우화가 있다.

"모든 사람에게는 매사에 자신의 일을 보살펴주는 보이지 않는 수호천사가 있단다. 너한테도 언니와 오빠 그리고 엄마 아빠한테도 그런 수호천사가 있어. 그 수호천사는 눈에 보이지는 않지만 신이 우리에게 보내주신 선물이야. 그런데 그 수호천사는 다른 천사들처럼 천국에 있지 않고 바로 여기, 네 가슴속에 있어.

네 수호천사의 이름이 뭔지 아니? 네 이름하고 똑같단다. 왜냐하면 네 수호천사는 진짜 너의 분신이거든. 네가 엄마 아빠를 사랑할 때나 친구들을 사랑할 때, 보이지 않지만 수호천사가 그 사랑을 느낄 수 있게 도와준단다. 네가 슬프거나 화가 날 때마다 마음이 답답해서 누군가에게 털어놓고 싶어 하는 것도 그 때문이야. 그럴 때는 가만히 눈을 감고 네 수호천사에게 부탁을 하렴. 엄마 아빠가 너 자신을 사랑한다는 걸 일깨워 달라고 말이야. 그러니까 너는 언제나 너 자신을 사랑해야 한다는 걸 일깨워 달라고 말이야. 그걸 알려주려고 수호천사가 네 마음속에 있는 거란다. 언제나."

참자아(the Self)는 개인의 영혼이지만 세상의 모든 일을 온전한 평화로움과 환희심으로 바라본다. 참자아는 개별적인 사람을 신 혹은 모든 가능성의 장과 이어주는 연결점으로, 결코 상처받거나 혼란스러워 하지 않는다. 언제나 당신을 사랑하며 늘 당신 가까이에 있다. 아이는 이런 이야기를 듣고 안심할 것이다. 비록 이 이야기를 완전히 믿기까지는 오랜 시간이 걸린다고 해도 말이다.

참자아의 차원에 완전히 동화되려면 오랫동안 명상을 해야 한다. 참자아는 침묵 속에서 내면적 각성 상태에 이르러야 자각할 수 있기 때문이다. 명상을 하다보면 점점 참자아가 당신 내면에만 있는 게 아니라 우주 만물에 스며들어 있음을 깨닫게 될 것이다.

에고의 작은 차원에서는 삶의 무한한 복잡성을 파악할 수 없다. 아무리 다르게 믿으려고 필사적으로 노력해도 실체는 에고의 통제 범위 안에 있지 않다. 하지만 참자아는 관찰하고, 허락하고, 수용하고, 궁극적으로 가장 세부적인 것까지 실체의 모든 것을 구성하는 우주적 지성과 결합되어 있다.

2 불확실성을 받아들이기

아이에게 불안감을 주지 않으면서도 현실이 매우 불안정할 수 있다는 진실을 가르치려면 늘 섬세한 균형감각을 유지해야 한다. 이는 모든 부모가 직면하는 딜레마다. 많은 부모들은 자녀에게 거짓된 안정감을 심어주거나, 반대로 위험과 위기에 대해 지나치게 경고함으로써 잘못된 교훈을 심어주는 경향이 있다.

 영적 지혜의 차원에서 보면, 예측할 수 없이 급변하는 세계에서 안정감을 잃지 않고 살아가기 위해서는 상반되는 가치들을 조화롭게 해야만 한다. 불확실성은 우리가 원치 않는다고 해서 사라지는 게 아니다. 그러니 불확실성 속에 지혜가 있음을 깨닫고 불확실성을 받아들이는 법을 배워야 한다. 불확실성을 통해 우리가 깨달아야 하는 지혜는 다음과 같다. 창조주가 항상 새롭고 신선하고 완성을 향해 역동하는 세계를 설계하기 위해서는 반드시 '불확실성'이 필요했다는 사실이다.

 어떻게 해야 이 어려운 개념을 아이의 눈높이에 맞춰서 전달할 수 있을까? 어린아이들은 깜짝 놀라게 해주는 것을 좋아하니 오늘은 아이들을 놀라게 하는 재미난 놀이를 활용해보자. 예상치 못한 선물은 주는 사람과 받는 사람 모두에게 기쁨을 안겨준다. "난 단지 새로운 뭔가를 해보고 싶었어!"라는 이유 정도면 충분하다. 이것이야말로 신이 바라는 단 하나의 이유기도 하다.

 아이는 나이가 들면서 세상이 불확실하다는 점을 문제로 받아들일 수 있다. 대처하기 힘들 정도로 급변하는 세상 앞에 위축되는 것은 당연한 일이기도 하다. 아이에게 그런 기분이 드는 것을 있는 그대로 받아들이도록 가르치자. 불안을 감추지 않고 직접 대면하는 일이 중요하기 때문이다. 만약 아이가 다섯 살이 넘었다면 두려움의 이유에 대해 물어보는 것도 좋다. 다음과 같이 말문을 열어보자. "이건 네가 지금껏 한 번도 안 해본 일이잖아. 어때, 좀 겁나니?"

오늘은 아이 앞에서 당신이 모든 것을 알고 있는 척하거나, 어른이 되기만 하면 모든 문제가 해결되는 듯 행동하지 않도록 자신과 약속하라. 이것은 매우 민감한 사안이다. 아이들은 어른의 권위에 기대어 안정감을 얻기 때문이다. 그러므로 불확실성을 긍정적으로 표현할 필요가 있다. "내겐 해답이 없어"라고 말하는 대신, 세상에는 수많은 해답이 존재한다는 것을 가르쳐주자. 그리고 이미 아무리 많이 알고 있다고 해도 삶의 즐거움은 여전히 아직 배울 게 많다는 것을 발견하는 데 있음을 가르쳐주자.

3 잃는 것에 대해 불안해 하지 않기

대단한 것이든 사소한 것이든 뭔가를 잃는 것을 좋아할 사람은 없다. 어른들이 직장을 잃거나 절친한 친구를 사고로 잃었을 때 상심하는 것처럼, 어린아이들도 장난감을 잃어버리거나 반려동물이 죽었을 때 마음의 상처를 입는다. 뭔가를 잃었을 때 우리가 슬퍼하는 이유는 기대감 때문이다. 우리는 뭔가를 소유하면 더 행복해지고 소유하지 못하면 불행해질 것처럼 여긴다. 제아무리 부자라고 해도 행복을 돈으로 살 수는 없다는 이야기가 세상에 수도 없이 많은데도 우리는 여전히 행복을 돈이나 재산과 같은 개념으로 취급한다.

자녀가 어릴 때부터 이런 세상의 통념과는 다르게 가르치자. 외부적인 세계에서 행복을 구할 것이 아니라 자신의 내면세계에서 행복을 찾도록 이끌어주자. 우리의 내면은 뭔가를 얻거나 잃는 경험을 통해 교훈을 얻을 수 있는 곳이다. 물질적 차원에서 아이의 상실감을 채워준다고 해도 아이가 진정으로 만족하지는 못한다. "울지 마, 인형 또 사줄게. 뚝 그쳐!"라고 말하는 것은 "네가 잘못해서 잃어버렸으니까 다시는 인형 안 사줄 거야!"라고 말하는 것만큼이나 근시안적인 대응이다.

"울지 마, 인형 또 사줄게. 뚝 그쳐!"라며 부모가 아이를 위로하는 것은 결과적으로 부모와 아이 둘 다 인형이 '행복의 원천'이라고 여기는 셈이다. 대부분의 부모는 아이가 장난감을 잃어버렸을 때 새것을 사줘야 할지 말아야 할지를 두고 고민한다. 하지만 장난감이야 어찌 됐든지 그보다 더 큰 문제는 아이가 안정감과 더불어 부모에게 사랑받는다고 느끼게끔 하는 것이다. 소유나 상실은 부차적인 문제일 뿐이다. 이렇게 하면 아이가 물건을 잃어버렸더라도, 오히려 그 경험을 통해 '진정한 나'는 괜찮다는 인식을 강화하는 계기가 될 수 있다. 아이가 뭔가를 잃었을 때 감정적 표현을 가로막아서는 안 된다. 부모는 이 때 아이에게 통찰력을 키워주어야 한다. 이를테면, 다음과 같은 말을 건네 보자. "기분이 안 좋은 거 알아. 하지만 그건 그냥 물건일 뿐이고, 너는 네가 가진 물건들보다 훨씬 더 중요한 이유로 여기에 있는 거야."

그 이유들이란 무엇일까? 아이가 물건을 잃어버려서 한창 속상해 하는 상황이라면, 한 차례 감정의 소용돌이가 지나가고 나서 아래와 같은 말로 생각의 물꼬를 터주자.

- 너는 특별해지기 위해 여기 있는 거야. 왜냐면 넌 아주 특별하니까.
- 세상의 온갖 것들에 대해 알아내기 위해 네가 여기 있는 거야.
- 엄마 아빠가 사랑하고 보살피라고 네가 여기 있는 거야.
- 너는 온갖 방법을 총동원해서 행복해지기 위해 여기 있는 거야.

위에서 예를 든 각각의 문장은 모두 "나는 유일무이하며, 창조적이고, 사랑받고 있으며, 뭔가를 잃어도 해를 입지 않는다"라는 궁극적인 지혜와 연결되어 있다. 인형을 잃어버리는 것과 자신의 일부를 잃어버리는 것은 비교할 수 없이 다르다. 그러나 대부분의 부모가 아이에게 그런 단순한 진실을 일깨워주지 못했기 때문에 지금도 많은 아이들은 그것을 깨닫지 못한 채 살아간다.

이런 식으로 뭔가를 얻고 잃는 문제에 대해 전체적으로 다뤄보자. 많은 사람들은 돈이나 명예, 지위 같은 것을 충분히 얻으면 자신의 문제가 해결될 거라고 여기며 살아간다. 그러나 얻고 잃는 것은 끊임없이 순환하는 우주의 흐름일 뿐이다. 이 문제는 궁극적으로 탄생과 재탄생으로 순환하며 영원히 서로를 뒤쫓고 있는 삶과 죽음에도 똑같이 적용된다.

초연함은 무엇을 잃거나 얻거나 상관없이 평정심을 유지할 수 있는 내면의 자질이다. 우리가 무엇을 잃거나 얻는다고 해서 그것이 참자아에 영향을 끼치지는 않는다. 참자아는 언제나 충만하고, 자신을 충족시키는 사랑과 행복을 언제나 근원으로부터 얻는다. 아이에게 변함없는 근원에서 언제나 사랑과 행복을 얻을 수 있다고 수시로 말해주자. 영적 탐구는 하면 할수록 참자아가 에고보다 얼마나 더 안전한지를 드러내준다.

돌아보기

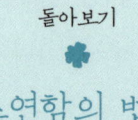

초연함의 법칙

초연함은 자신의 일에 열정을 쏟되,
그 결과에 대해서는 무심하다는 뜻이다.

이름이나 상표를 자신과 동일시하는 것은
그릇된 일이다.
진정한 나는 어디에도 매이지 않고,
이름도 없으며,
모든 명칭을 초월한다.

자신이 이룬 것이 아닌 자기 자신을 신뢰하는 것이
성공의 열쇠다.

자신을 우주의 손에 맡겨라.
그러면 아무것도 통제할 필요가 없다.

자기 자신을 받아들여야 성공에 이를 수 있다.
자신을 받아들이지 못하고서는 성공할 수 없다.

The Day of Dharma
"You are here for a reason."

토요일
Saturday

다르마 (삶의 목적) 의 날

"네가 이 세상에 태어난 건
뭔가 이유가 있어서란다."

> 우리들 모두의 삶은
> 신의 손으로 쓴 동화다.
> ─ 안데르센

'다르마Dharma'란 의무, 목적, 법칙 등 다양한 의미를 지닌 산스크리트어다. 만약 다르마를 '법칙'이라는 의미로 이해한다면, 토요일은 영적 법칙을 탐구하는 데 전념했던 일주일을 완성하는 날인 셈이다. 이날은 영적 법칙을 한 주 동안 얼마나 잘 따라왔는지 그리고 우리 존재가 우주와 얼마나 잘 조화를 이루고 있는지를 돌아보자.

토요일에 아이에게 상기시켜줄 가르침은 다음과 같다. "네가 이 세상에 태어난 건 뭔가 이유가 있어서란다." 우리가 영적 법칙에 헌신하듯이 영적 법칙도 우리에게 헌신하기 위해 존재한다. 영적 법칙은 지속적인 행복과 성공이 가능할 뿐만 아니라 정말로 필연적인 것임을 보여줌으로써 우리에게 헌신한다. 어떤 사건이나 행동, 생각에는 저마다 우리의 진화를 위해 작용하는 숨겨진 목적이 있다. 삶의 궁극적인 목표는 이 목적을 찾아내서 그것에 따라 사는 것이다.

  토요일에는 한 주 동안 각각의 활동이 얼마나 만족스러웠는지, 얼마나 편안했으며 얼마나 많은 기회가 있었는지 그리고 어떤 새로운 느낌이나 통찰이 우리에게 다가왔는지에 따라 성취도를 평가해보자. 그리고 아이에게도 적용해보자. 삶이 불공평하다는 믿음은 영적 법칙을 이해하지 못한 경우에만 그럴듯해 보인다. 그런 잘못된 믿음 때문에 적지 않은 사람들이 우주로부터 신성한 영감을 받지 못한 채 살아간다. 인생의 목적은 당신이 받아들일 수 있을 때만 활성화된다. 자각은 우주가 당신을 위해 계획했던 것을 이루는 데 꼭 필요한 열쇠다.

삶이 항상 공평하다는 인식을 아이에게 심어주자. '다르마'는 삶이 언제나 공평하다는 것을 영적 법칙을 통해 확인시켜준다. 삶이 불공평하다는 것은 달리 말해 삶이 제멋대로이고, 무의미하며, 변덕스럽고, 위험하다는 뜻이다. 한마디로 세상에 영적 법칙은 존재하지 않는다는 의미다. 그러니 오늘은 삶이 실제로 얼마나 공평한지를 아이에게 보여줌으로써 그러한 부정적인 생각을 말끔히 털어버리게 하자. 창조적인 힘을 마음껏 사용해서 스스로를 표현할 수 있는 자유의지는 모두에게 공평하게 허락되어 있다.

아이와 함께하는 토요일

토요일에 해야 할 세 가지 활동은 아이에게 펼쳐지는 삶의 목적을 찾는 데 중점을 둔다. 아이에게 "너는 지금 어디쯤에 있니?"라고 묻고, 아이가 유일무이한 존재임을 느끼게 해주며, 봉사를 마음이 아닌 행동으로 실천하도록 이끌어주자.

1 삶의 목적과 여정 일깨워주기

"지금 너는 어디쯤에 있니?"라는 질문을 통해, 아이들에게 삶의 목적과 그 여정에 대한 생각을 깨워주자. 다르마란 다른 게 아니라 자신이 걸어가는 길이다. 다음과 같이 몇 가지로 설명할 수 있다.

- 내가 가려고 마음먹은 곳, 이때 다르마는 '비전'이다.
- 거기에 도달하기 위해 계획을 어떻게 세울까? 이때 다르마

는 '여정'이다.

- 얼마나 왔다고 생각하는가? 이때 다르마는 '자각'의 수준이다.
- 무엇이 자신의 발목을 잡는다고 생각하는가? 이때 다르마는 '도전'이나 '교훈'이다.

다르마가 완전해지려면 위의 모든 요소들을 담아야 한다. 계획 없이 목적만 있는 비전은 환상에 불과하다. 또 명확한 비전 없이 열심히 일하고 성취해 봐야 사상누각일 뿐이다. 그렇다고 이 요소들을 날마다 하나하나 따져볼 필요는 없다. 시작하는 단계에서는 비전이 강하게 느껴지겠지만, 일이 진행될수록 비전을 현실로 만드는 과정에서 부딪치게 되는 장애물이나 이를 극복하기 위한 노력이 더 강하게 인식될 것이다.

아무튼 아이가 자신의 길을 자각하게 하는 것은 좋은 일이다. 아주 어린아이들도 행복해지겠다는 본능적인 목적의식을 갖고 있다. 하지만 목적을 향해 가는 과정에 대한 평가는 스스로 목표를 세울 수 있는 나이인 일곱 여덟 살 이후에 하는 것이 알맞다.

"너는 지금 어디쯤에 있니?" "일은 어떻게 되어가니?" "이루려는 목표에 가까워지고 있니?" "그렇지 않다면 왜 그럴까?" 이러한 질문을 염두에 두고 아이들이 삶의 목적의식 또는 소명의식이라는 개념을 친숙하게 받아들일 수 있도록 토요일마다 이끌어주자.

범위를 개개인이 아니라 가족 전체로 넓혀서 "우리 가족은 지금 어디쯤에 있을까?"라는 질문을 던져볼 수도 있다. 하지만 대부분의 가족들은 이런 질문을 받으면 서로 난처해 한다. 정직한 답을 기대하기에는 아직 서로의 마음이 열려 있지 않고, 친근감도 부족하며, 신뢰도 충분히 형성되지 않았기 때문이다. 부모가 모든 질문에 대해 답을 아는 척하려 드는 경우에도 정직한 대답을 기대할 수 없다.

아이가 어릴 때부터 가족문제에 대해 느끼는 감정을 솔직하게 표현해도 괜찮다고 가르쳐주자. 여기에는 개인적인 기대나 소망이 실현되지 못했을 때 정직하게 말하는 것도 포함된다. 많은 소망들이 실현되지 않은 채 끝날 수도 있고, 적어도 지금 당장은 실현되지 않을 수 있다. 실망이나 낙심, 좌절은 아이들이 굳이 숨길 필요가 없는 현실이다. 세상에 장애물이 없는 길은 없다. 장애물이 감정적인 차원에서는 부정적으로 느껴지겠지만 '다르마의 법칙'은 우리에게 모든 장애물 속에는 은밀한 축복이 숨겨져 있음을 가르쳐준다. 그러므로 "지금 너는 어디쯤에 있니?"라는 질문을 받았을 때, 영적 차원에서는 "나는 지금 내가 바라던 그곳에 와 있어"라고 답할 수 있다.

이 대답에는 엄청난 안정감이 들어 있다. 당신은 이런 안정감을 아이와 함께 키워나가야 한다. 개인으로서의 인간은 살아가는 여정의 구석구석을 볼 수 있는 시야가 부족하다. 모든 것이 훤히 보이게 풍경을 열어주는 것은 자연의 방식이 아니다. 신의 계획에는 경이로움과 불확실성이 내재되어 있다.

물론 자신이 바라는 대로 일이 풀리지 않을 때, 아이들은 쉽게 좌절한다. 그 순간을 인내하면서 모든 사람들이 저마다 자기가 바라던 바로 그곳에 있다는 생각을 받아들이는 데는 한평생이 걸린다.

2 스스로가 유일무이한 존재임을 느끼게 하기

아이가 스스로를 유일무이한 존재로 느끼게 하려면 부모와 온 우주가 오로지 자신만을 원한다고 느끼게 해줘야 한다. 재능이 뛰어난 것과 우주가 자신을 반긴다고 느끼는 것은 완전히 별개의 문제이기 때문이다. 물론 사랑 없는 유일무이함은 고독만큼이나 황량하니 온 사랑을 담아라.

  이날은 아이와 나란히 앉아서 아이가 가진 재능에 대해 서로 이야기를 나눠보자. 다르마의 법칙에 따르면, 모든 인간은 저마다 독특하고 유일한 재능을 지니고 있다. 다른 누구도 가지지 않은 유일한 재능을 지녔다는 것은 지구에 살고 있는 다른 누구보다 더 잘할 수 있는 한 가지가 있다는 뜻이다. 이 활동의 목적은 아이의 행복과 성공을 위해 신(영혼)이 아이에게 아주 특별한 재능을 선사했다는 인식을 일깨우기 위함이다.

3 봉사하기

아이가 남에게 친절을 베풀도록 이끌어주자. 아무리 사소한 일이라도 상관없다. 길을 걷다가 쓰레기가 눈에 띄면 줍는다거나, 할아버지를 위해 문을 열어준다거나, 동생의 방 정리를 도와주는 일은 거창한 자선 행위 못지않게 소중한 일이다. 중요한 것은 이런 행동의 내면적 의미를 가르쳐야 한다는 점이다. 남을 돕는 것은 자신을 위해 일을 하는 것과는 또 다른 방식으로 살아가는 기쁨을 준다. 아이에게 가르치고자 하는 핵심이 바로 이 기쁨이다. 봉사를 하는 까닭이 단지 착한 일이기 때문이거나 남에게 잘 보이기 위함이 아니라는 것을 알려줘야 한다. 물론 어른의 세계에서는 이것이 동기가 되는 경우가 매우 흔하지만 말이다.

다른 사람을 위해 봉사한다는 것은 모든 존재가 유일무이하다는 진리와 멋들어지게 맞아떨어진다. 다른 사람에게 봉사할 때 우리는 그들의 가치를 인정할 기회를 갖게 되는데, 봉사활동은 그런 마음가짐을 직접적으로 표현하는 방식이다. 아이가 형제자매나 친구를 위해 선행을 하게 하면, 아이는 그들이 얼마나 특별한지를 바로 느낀다. 또 그 과정에서 모두가 특별한 존재임을 깨닫게 된다.

다른 사람에게 봉사하면서 아이는 전지전능한 존재의 사랑스러운 자녀로서의 의무를 무의식중에 저절로 깨닫는다. 의무라는 건 결국 '다르마'와 같은 의미로 사회에 대한 의무, 자신에 대한 의무 그리고 신에 대한 의무를 포괄한다. 사회에 대한 의무는 타인에게 봉사하는 것이고, 자신에 대한 의무는 영성의 지혜를 꽃피우는 것이며, 신에 대한 의무는 인류의 보다 높은 진화를 위한 신성한 계획에 참여하는 것이다.

부모 노릇이란 자녀에게 엄격한 규칙들을 가르치는 데 있는 게 아니다. 부모는 아이가 자기 내면을 여행하고, 목적의식을 자각할 수 있도록 이끌어주는 사람이다. 물론 그것은 의미가 끝없이 확장되는 여행이다. 아이가 그 의미를 채 이해할 수 없을지도 모른다. 하지만 부모가 자신의 삶을 흥미롭고 놀라운 것으로 보는지 아닌지는 쉽게 느낀다. 당신이 가진 목적의식이 그 어떤 함성보다 훨씬 크고 생생하게 온 우주에 울려 퍼지고 있기 때문이다.

돌아보기

다르마의 법칙

목적이 있는 삶이
삶의 목적을 드러낸다.

운명에 어긋나는 일은 있을 수 없다.
당신의 삶이 성공하든 그렇지 않든
삶은 그 자체로 옳다.

우주의 유일한 목적은
인간이 행복하고 창조성을 발휘하게 하는 것이다.

그러니 삶을 판단하지 마라.
모든 삶은 신과의 합일을 향해 나아가는 과정이다.

왜 여기 있는지 알아내려고 애쓰지도 마라.
그저 좀더 주의 깊게 바라보기만 하라.

글을 마치며

사랑보다 더 근원적인 한 가지

'부모에게 없으면 안 되는 한 가지는 무엇일까?'라고 질문하면 대부분의 사람들은 자동반사적으로 '사랑'이라고 대답한다. 옳은 말이다. 하지만 이 대답이 완전해지려면 보다 깊이 있는 질문으로 이어져야 한다. "그 사랑은 어디에서 오는가?"

사랑이라는 것은 부서지기도 하고, 때로는 닳아 없어지기도 한다. 그러니 사랑 하나만으로는 부족하다. 모든 부모는 '사랑'으로 자녀를 키우지만 그 사랑을 받고 자란 요즘의 아이들은 어떤가? 여전히 충격적이고 참혹한 문제들을 안고 있는 게 현실이다.

사랑보다 더 근본적이며 부모에게 반드시 있어야 하는 단 한 가지가 있다. 바로 '순수함(innocence)'이다. 순수함이야말로 사랑의 근원이다. 여기서 말하는 순수함은 순진함이나 천진난만함이 아닌 세상을 향해 투명하게 열려 있는 깊은 영적 지혜에서 형성되는 태도를 말한다.

자녀를 기르는 데 있어서 순수함이란, 부모가 아이들을 이끌어 줄 수는 있지만 조종할 수는 없다는 인식이다. 부모는 아이의 내면에 깃들어 있는 한 사람, 자신과는 다를 수밖에 없는 그 한 사람에게 완전히 열려 있어야만 한다. 순수함 속에서는 이 사실을 평화로운 마음으로 받아들일 수 있다.

또, 순수함이란 삶이 불확실성으로 가득 차 있다는 인식이다. 아이들은 당신이 전혀 예측할 수 없는 방향으로 나아가게 되어 있다. 때로는 당신이라면 결코 하지 않을 짓을 저지르도록 되어 있다. 삶이란 변화 그 자체이므로 우리가 이러한 불확실성을 피할 길은 없다. 순수한 마음가짐으로 부모가 이 진리를 받아들인다면 자녀를 자신의 고정관념에 맞춰 이리저리 길들이려는 생각은 버리게 될 것이다.

순수함은 표면적인 이해관계를 초월할 만큼 사랑이 깊다는 증거이기도 하다. 언뜻 보기에는 아이가 살아가는 방식이 제멋대로이고 매우 비효율적인 것 같다. 그래서 대부분의 부모는 자신

● 글을 마치며

들이 알아낸 교훈이 가장 값진 것이라고 자부하며 아이에게 그 교훈을 주입하고 싶어 한다. 자녀를 불필요한 삶의 고통으로부터 보호하고 싶은 것이다. 그러나 순수한 마음가짐으로 인생을 관찰해 보면, 대부분의 인생은 표면적인 삶에 불과하며 사람이 마땅히 걸어가야 할 '영적 탐구'의 여행에서 벗어나 있음을 알게 된다. 이 여행은 영혼을 숙성시키는 과정이며, 신성의 보살핌 속에 살아가는 삶이다. 물론 부모는 아이들이 영혼의 중요성을 깨닫도록 도와줄 수 있지만, 그 여행을 책임질 수는 없다. 그 여행은 각자가 자신의 참자아와 합의한 유일한 길이기 때문이다.

이 모든 설명을 한 문장으로 정리한다면 다음과 같다.

"순수함이란 자녀가 당신의 소유물이 아니라는 인식이다."

궁극적으로 우리 모두는 신(영혼)의 아들딸이다. 우리 모두는 각자 한 가정의 구성원으로 성장하지만 신성과의 연결성에 비하면 가족이라는 소속은 매우 느슨하다. 우리는 근본적으로 자기 자신, 즉 영혼이나 본질에 속해 있다.

진정한 사랑으로 아이를 바라본다는 것은 이 신성의 불꽃을 본다는 의미다. 모든 아이를 가리켜 세상에 둘도 없는 소중한 존재라고 말하는 것은 쉽다. 그러나 그 말을 실제로 실천하려면 내면의 순수함을 갖춰야 한다. 부모가 내면의 순수함에 도달하면, 저절로 자녀를 내면의 성숙을 위한 여행길에 오른 독립적인 영혼으로 바라보게 된다. 이것은 틀에 박힌 부모 노릇을 포기한다는 의미이기도 하다.

부모는 한 집안에서 권위 있는 존재다. 부모는 자녀보다 높은 위치에 있고, 더 똑똑하며, 힘도 세고, 경험도 많고, 돈과 재산을 자기 마음대로 할 수 있다. 또 그런 능력을 기반으로 해서 확고한 의무감과 목적의식을 가지고 자녀를 평가하고, 벌을 주고, 무엇이 옳고 그른지 규칙들을 세울 수도 있다.

하지만 이 책에서는 부모들에게 전혀 다른 종류의 의무와 목적의식을 제안한다. 이 새로운 시각으로 보면 부모는 한 가정의 권위적인 존재가 아니다. 부모와 자녀는 동등한 영혼으로, 모두 자신의 내면적인 성숙을 위한 여행길에 오른 구도자일 뿐이다. 유일한 차이는 당신이 택한 '부모'라는 역할에 있다. 모든 영혼은

● 글을 마치며

불멸의 존재다. 영혼은 창조되거나 파괴될 수 없지만, 우리는 놀이에서 역할을 임시로 선택할 수는 있다.

당신이 스스로를 위해 할 수 있는 최고의 일은 전폭적인 사랑과 확신, 목적의식을 가진 부모의 역할을 다하는 것이다. 가장 영적인 차원에서 말하면, 당신이 부모가 된 이유는 이기적이기 때문이다. 부모라는 역할이 다른 어떤 것보다 더 짜릿하고 환희에 찬 배역이기 때문이다. 자녀도 마찬가지이다. 모든 것을 아는 불멸의 영혼이 약하고, 상처받기 쉬우며, 누군가의 도움에 전적으로 의지하는 갓난아기가 되기로 결정한 것이다. 이것은 자녀가 전폭적인 확신과 헌신으로 선택한 역할이다. 그렇지만 역할놀이를 벗어나면 부모와 자녀는 모두 동등한 하나의 순수한 영혼일 뿐이다. 영적인 순수함은 당신이 이러한 진리를 깨닫게 해주고, 주어진 역할을 해내면서도 그것을 초월하도록 이끌어준다.

물론 일부 사람들은 이런 생각에 전적으로 반대할 수도 있다. 그러나 나는 모든 부모가 아이의 눈에서 시공을 벗어난 초월적인 인식과 무한한 지혜를 읽어낸 적이 있었으리라 확신한다. 내 아이들의 경우에도 그랬다. 나는 아이들을 침대에 눕히고, 이야기책을 읽어주고, 공놀이를 함께 하며 아이들을 보살폈다. 그러는 동안에 나는 아빠였고, 그들은 내 아이들이었다. 그런데 이 모든 겉치장이 떨어져나가는 순간들이 이따금 있었다. 나는 아들의 눈길에서 "우리가 다시 이 자리에서 만났네요. 이번 놀이는 정말 재미있어요"라는 메시지를 읽은 적이 있다. 또 딸의 표정에서 우리가 역할놀이를 계속 이어가기 위해 쓰고 있는 가면들을 보며 소리 내어 웃으려던 것을 눈치 챈 적도 있다.

나는 그렇게 소중한 순간들을 통해 순수한 결속력을 느꼈다. 그것은 혈육 간의 사랑을 초월한 사랑 이상의 사랑이다. 모든 가족은 승부를 위해 뭉친 조직이 아닌 일종의 '영혼의 동아리'다. 사는 곳, 출신 학교, 직업은 우리의 공통점이 아니다. 불멸의 바다를 함께 항해하는 동반자라는 것이 우리의 진정한 공통점이다. 이것이 진정한 결속력이다. 당신이 영적 지혜의 눈으로 역할놀이 너머를 보면서도 여전히 사랑과 헌신으로 자신의 역할에 충실할 수 있다면 참다운 영적 부모 노릇을 하는 것이다.

일곱 가지 영적 법칙은 우리가 내면의 순수함을 발견할 수 있도록 이끄는 수단일 뿐이다. 이 법칙들은 내면에서 순수함이 계

● 글을 마치며

속 넘쳐흐르게 하는 길을 열어준다. 반면에 우리가 살아가는 세상은 순수함을 파괴하는 것은 많고, 순수함이 계속 넘쳐흐르게 하는 것은 극히 드물다.

 나는 영적 법칙을 그저 다양한 육아법 중의 하나라고 여기지 않는다. 이 법칙들은 우주가 작용하는 방식이며, 완전한 혼돈으로부터 이 세계를 창조하고 나아가 무한한 다양성으로 꽃피우는 방식이다. 당신이 영혼의 법칙에 파장을 맞춘다면 근원적인 무한한 지혜와 조화를 이루게 될 것이다. 결국 우리가 아이들에게 가르치려는 것은 우리 자신에게 계속해서 가르쳐야만 하는 교훈인 셈이다.

 "순수함이 계속 넘쳐흐르게 하라." 모든 가르침이 여기에 달려 있다.

감사의 말

가족에게 깊은 고마움을 전한다. 그들은 언제나 나를 지지해주고 성공의 진정한 의미를 가르쳐 주었다. 캘리포니아에 있는 초프라 웰빙 센터와 메사추세츠에 있는 무한가능성 연구소(Infinite Possibilities)에서 나를 도와준 직원들에게도 감사를 표한다. 아울러 하모니 출판사의 식구들, 특히 피터 구짜르디, 패티 에디, 티나 콘스테이블과 칩 깁슨에게 감사의 인사를 전한다. 끝으로 언제나 그렇듯이 이번에도 내 글쓰기 작업의 대모 노릇을 맡아준 뮤리엘 넬리스에 대한 고마움도 빼놓을 수 없다.

옮긴이의 말

부모 노릇을 한다는 것

예전에 TV 프로그램에서 인상적인 장면을 보았다. 어느 초등학교에 방문한 리포터가 아이들과 즉석에서 짧은 인터뷰를 하고 있었다. 리포터는 한 소년에게 장래희망을 물었고, 아이는 "훌륭한 과학자가 되는 것"이라고 답했다. 그러자 리포터는 "과학자가 되려는 이유가 뭔가요?"라고 다시 물었다. 아이의 대답이 흥미로웠다.

"그러면 엄마가 기뻐하실 것 같아서요. 그리고……"

"…… 그리고요?"

소년은 이걸 어떻게 말해야 좋을지 모르겠다는 듯 머리를 긁적이다가 수줍게 웃으며 입을 뗐다.

"그러면 엄마가 저를 더 사랑해주실 것 같아서요."

세련된 수사학에 기대지 않은 어린애다운 순박하고 정직한 어법 때문이었을까. 그 말은 오래도록 내 마음에 남았다. 오해가 있을까봐 부연 설명을 하자면, 평범한 가정에서 부모의 사랑을 듬뿍 받고 자란 보통의 소년이었다. "얼마나 부모 사랑을 못 받았으면 저러나?"라며 혀를 끌끌 찰 만한 처지의 아이가 아니었다.

아이들은 이처럼 늘 사랑에 허덕인다. 부모가 아무리 사랑을 퍼부어도 아이 입장에서는 늘 부족하고 불안할 뿐이다. 아이들에게 부모는 '신의 대리자'면서 신이 가진 것과 같은 무한하고 한결같은 사랑을 공급해주는 존재인데, 알다시피 부모 또한 따지고 보면 '상처받은 아이'에 불과하기 때문이다. 물론 자식을 향한 부모의 사랑은 지상에 존재하는 가장 순수한 종류이기는 하다. 하지만 신의 사랑에 비한다면 마치 프리즘을 통과한 햇살처럼 모나고, 한계가 있으며, 조건이 있는 사랑이다.

신이 아니기에 부모가 자녀를 사랑하는 데는 개개인마다 특정한 방식과 조건이 있다. 무의식적으로든 의식적으로든 부모가 암암리에 내세우는 사랑의 조건은 가치관과 세계관이라는 이름으로 아이의 내면에 뙈리를 튼다. 이를테면 다음과 같은 목소리가 우리 내면에서는 늘 소용돌이친다. "나는 유능한 사람이니까 괜찮아." "남에게 도움을 주는 한 나는 사랑받을 자격이 있어." "독특하고 남다른 개성이 있으니 난 존재할 가치가 있어." "아는 게 많으면 많을수록 나는 사랑받게 될 거야."

이것은 모두 부모에게서 물려받았거나 학습된 '사랑의 조건'이다. 우리는 이러한 잣대에 기대어 자신과 타인 그리고 세계를 바라보며, 제 나름대로 욕망의 드라마를 써나간다. 그리고 자신이 만든 틀 때문에 괴롭고, 즐겁고, 갑갑해 한다.

이것이 부모가 처한 어려움이다. 무조건적인 사랑을 주겠다고 마음은 먹었지만, 그게 무엇인지 부모 자신도 모르고 그런 사랑을 받아본 적도 없는 것이다. 또, 두툼한 육아서에 나온 자녀교육 지침이나 TV에 나온 저명한 육아 전문가의 조언을 실천에 옮겨보지만, 실상 아이는 부모의 특정한 말이나 행동만 보고 배우는 게 아니라 부모의 전全인격을 통째로 흡수해 낭패에 빠뜨린다. 어찌 보면 배우지 말았으면 좋겠다고 생각한 특성부터 닮아가는 경향마저 있다. 감추고 싶은 치부일수록 거기엔 본능적으로 아이의 시선을 잡아끄는 강한 에너지가 응축되기 마련인 때문이다.

그러면 '상처받은 아이'일 따름인 부모가 어떻게 하면 멍들지 않은 온전한 사랑을 자녀에게 줄 수 있을까? 그것은 우리가 개체로 분화하기 이전의 마음자리로 돌아가 선험적인 지혜를 개발함으로써 가능하다. 즉, 영성을 깨우는 것이다. 그것이 이 책의 주제이자 제안이다.

이 책에서 영적 지혜로 제시하는 일곱 가지 법칙(순수 잠재력의 법칙, 베풂의 법칙, 인과의 법칙, 최소 노력의 법칙, 관심과 소망의 법칙, 초연함의 법칙, 다르마의 법칙)은 모두 작가의 전작이자 세계적인 베스트셀러인 《성공을 부르는 일곱 가지 영적 법칙》의 내용을 고스란히 이어간다. 대상이 어른이 아니라 어린이가 되었다고 해서 메시지가 가감되거나 윤색되지는 않는다. 최고의 영적 지혜를 두고 자녀에게 다른 것을 가르치는 것은 시간 낭비라는 이유에서다.

놀라운 것은 추상적인 이해력과 성숙한 통찰력이 필요해 보이는 영적 지혜들을 아이들의 눈높이에 맞게 간단한 체험을 통해 전달하는 요령을 고안해두었다는 점이다. 일곱 개의 영적 법칙들은 각각 간단한 행위나 질문으로 이루어진 '세 가지 활동'으로 이어지는데, 이 활동들은 그리 억지스럽지도 않고 어렵지도 않다. 요컨대 실생활에서 써먹을 만한 수준이라는 것이다. 어쩌면 아이와 함께 구체적인 활동을 하는 과정에서, 부모 스스로도 썩 와 닿지 않았던 영적 법칙들을 보다 체화시켜 이해할 수도 있다.

우리는 자녀를 낳고 키우면서 탄생에서부터 유년기, 아동기, 사춘기에 이르는 전 과정을 다시금 경험하는 기회를 얻는다. 아이의 눈높이로 세상을 보면서 순수한 동심이 부활하는 축복을 맛보기도 한다. 그것은 부모의 내면에 웅크리고 있던 '상처받은 아이'를 치유할 수 있는 좋은 기회이기도 하다. 가장 이상적인 부모 노릇은 원래 아이를 키우면서 자신도 덩달아 '마음의 키'가 자라는 과정이기 때문이다.

우리 모두는 사랑을 잃을까봐 두려움에 떠는 아이이자, "~하지 않으면 사랑을 주지 않겠다"라고 으름장을 놓는 부모를 겸한다. 이 책은 그 양쪽 모두를 치유하는 지혜로움을 가졌다. 부디 이 책이 부모 노릇이 갖는 영적인 가치와 즐거움을 세상의 부모들에게 환기시켜주는 계기가 되기를 바란다.

The Seven Spiritual Laws For Parents

일곱 가지 영적 법칙을 담은 메시지

일요일 — 순수 잠재력의 법칙
"넌 뭐든지 할 수 있단다."

월요일 — 베풂의 법칙
"무언가를 바란다면, 먼저 그걸 베풀어봐."

화요일 — 인과(因果)의 법칙
"네가 지금 내리는 선택에 따라 네 미래가 달라진단다."

수요일 — 최소 노력의 법칙
"거부하지 말고 흘러가는 대로 따라가 보렴."

목요일 — 관심과 소망의 법칙
"뭔가를 바라고 관심을 기울이는 것 자체가
'소망의 씨앗'을 심는 일이란다."

금요일 — 초연함의 법칙
"삶을 여행하듯이 즐기렴."

토요일 — 다르마(삶의 목적)의 법칙
"네가 이 세상에 태어난 건 뭔가 이유가 있어서란다."

The Seven Spiritual Laws For Parents

디팩 초프라의 자녀교육 원칙

1. 우리는 아이들이 영혼을 실체로 받아들이고, 무한한 사랑의 근원이 자신들을 감싸고 있다고 믿도록 가르친다. 이 말은 곧 신이 세상에 어떻게 구현되는지에 대한 정의다.

2. 우리는 아이들에게 세속적인 성공을 거두라고 강요하지 않는다. 우주는 사람의 직업이나 하는 일이 아니라 사람의 됨됨이를 소중히 여긴다는 것을 우리 식으로 가르친다.

3. 우리는 아이들에게 벌을 줘야겠다고 느낀 적이 없다. 우리가 실망하거나, 화가 나거나, 마음이 아플 때는 아주 솔직하게 아이들에게 알려주었다. 이처럼 우리는 규칙을 따르게 하는 게 아니라 아이들이 스스로 심사숙고하도록 가르친다.

4. 우리는 언제나 아이들이 '우주의 선물'임을 기억한다. 그리고 우리가 느낀 점을 아이들도 알게 한다. 우리는 아이들을 키우게 된 일이 얼마나 큰 은총이자 영광인지를 이야기한다. 우리는 아이들을 소유하지 않는다. 우리의 기대를 아이들에게 떠맡기지도 않는다. 좋은 쪽으로든 나쁜 쪽으로든 아이들을 다른 누군가와 비교하지 않는다. 이를 통해 아이들이 스스로 완전하다고 느끼게 한다.

The Seven Spiritual Laws For Parents

5 우리는 아이들에게 다른 사람의 삶을 변화시킬 수 있는 재능이 있다고 이야기해준다. 삶 속에서 그들이 원하는 것은 무엇이든지 변화시키고 창조할 수 있다고 가르친다.

6 우리는 아이들이 아주 어릴 때부터 어떻게 성공하는 게 중요한지 설명해준다. 어떻게 해야 자신에게 의미가 있는 목표를 이룰 수 있는지, 기쁨을 주는 목표를 이룰 수 있는지 말이다. 이것은 다른 사람들에게 기쁨과 의미를 줄 수 있는 우리가 아는 가장 좋은 방법이다.

7 우리는 아이들의 꿈을 북돋아준다.

이런 방식으로 우리는 아이들에게 내적 세계로 향하는 왕도王道, 즉 자신의 욕망을 믿고 따르라고 가르쳤다.

"모든 아이들에게는
부모가 줄 수 있는 가장 성숙한 사랑이 필요하다."

The Seven Spiritual Laws For Parents

디팩 초프라의 부모 수업

초판 1쇄 발행 2014년(단기 4347년) 2월 14일
초판 3쇄 발행 2023년(단기 4356년) 8월 1일

지은이 · 디팩 초프라
옮긴이 · 구승준
펴낸이 · 심남숙
펴낸곳 · (주)한문화멀티미디어
등록 · 1990. 11. 28. 제 21-209호
주소 · 서울시 광진구 능동로 43길 3-5 동인빌딩 3층 (04915)
전화 · 영업부 2016-3500 편집부 2016-3507
홈페이지 · http://www.hanmunhwa.com

운영이사 · 이미향 | 편집 · 강정화 최연실 | 기획 홍보 · 진정근
디자인 제작 · 이정희 | 경영 · 강윤정 조동희 | 회계 · 김옥희 | 영업 · 이광우

만든 사람들
책임편집 · 최연실 | 디자인 · 오필민디자인
인쇄 · 천일문화사

ISBN 978-89-5699-171-9 13370

잘못된 책은 본사나 서점에서 바꾸어 드립니다.
본사의 허락 없이 임의로 내용의 일부를 인용하거나 전재, 복사하는 행위를 금합니다.